本书受安徽财经大学著作出版基金资助

ZIBEN ZHANGHU KAIFANG DE TIAOJIAN SHIJI JI XIAOYING YANJIU

资本账户

开放的条件、时机及效应研究

陈若愚　著

四川・成都

图书在版编目(CIP)数据

资本账户开放的条件、时机及效应研究/陈若愚著.—成都:西南财经大学出版社,2020.7
ISBN 978-7-5504-4433-1

Ⅰ.①资… Ⅱ.①陈… Ⅲ.①资本—金融开放—研究—中国
Ⅳ.①F832.21

中国版本图书馆 CIP 数据核字(2020)第 112114 号

资本账户开放的条件、时机及效应研究
陈若愚 著

责任编辑:廖韧
封面设计:墨创文化
责任印制:朱曼丽

出版发行	西南财经大学出版社(四川省成都市光华村街 55 号)
网　　址	http://www.bookcj.com
电子邮件	bookcj@foxmail.com
邮政编码	610074
电　　话	028-87353785
照　　排	四川胜翔数码印务设计有限公司
印　　刷	四川五洲彩印有限责任公司
成品尺寸	170mm×240mm
印　　张	9.75
字　　数	180 千字
版　　次	2020 年 7 月第 1 版
印　　次	2020 年 7 月第 1 次印刷
书　　号	ISBN 978-7-5504-4433-1
定　　价	58.00 元

前言

资本账户开放是一把“双刃剑”，既具有金融自由化所带来的经济增长正向效应，也具有金融开放所引致的金融不稳定等负向效应。从目标上看，资本账户开放是一国金融长期发展的必然选择。但从实现方式上看，一国“何时开放”“如何开放”以及“开放后会带来什么影响”等问题一直是学术界和政府当局关心和争论的焦点，这正是由资本账户开放具有正反两面经济效应决定的。相较于发达国家在资本账户开放中获得巨大国际资本红利而言，大多数新兴经济体在资本账户开放过程中并没有得到“华盛顿共识”所预言的有序与和谐，它们倚重的国际资本也没能在危机时刻扮演稳定形势的角色。事实证明，脱离国情和发展阶段的资本账户开放实现方式可能会造成事与愿违的结果，如20世纪末期的拉美和亚洲金融危机便是这一问题最鲜明的体现。为此，对一国资本账户开放问题的探讨离不开该国国内的基本国情和经济金融发展状况。本书将一国资本账户开放决策与其国内经济金融发展状况等基本国情结合在一起，在开放综合效应最大化的目标下，探讨“何时开放”以及“如何开放”的问题，并在此基础上更进一步地探讨资本账户开放的效应问题，即“资本账户开放会带来什么影响”。

基于上述背景，本书结合理论与实证研究方法，具体探讨了如下三个问题：①结合一国国内基本国情和经济金融发展状况，分析资本账户开放的条件和时机选择问题；②在非线性框架下研究资本账户开放的跨境资本流动效应；③借鉴经典“货币锚”模型实证研究资本账户开放的人民币国际化效应。

通过对上述问题的研究，本书得出了比较丰富的结论，基本结论可概括为如下三个方面：第一，一国宏观经济和政治环境层面的一系列初始条件状况会对其资本账户开放的综合效应造成影响，且具有显著的“门槛效应”。在资本账户开放综合效应最大化的目标和原则下，一国资本账户开放的程度应与本国经济金融初始条件发展程度相匹配并保持平衡，这也间接决定了一国资本账户开放的最佳时机。第二，资本账户开放的跨境资本流动效应会随着国内金融发展水平的提升而增强，呈现出非线性特征，并且新兴经济体的这种非线性特征相较于发达经济体更为明显。第三，资本账户开放有助于新兴经济体将人民币设定为“锚定货币”，从而提升人民币在国际货币体系中的地位，促进人民币国际化。本书的研究论证了一国资本账户开放的程度和顺序需要与本国基本国情相符这一典型事实，为一国资本账户开放政策的实施时机选择奠定了理论基础，也为中国实施资本项目有管理的可自由兑换、推进人民币国际化提供了重要的借鉴意义。

在研究过程中，本书从不同视角对资本账户开放的条件、时机以及效应进行了深入探讨，并运用多种研究方法对相关问题进行了系统剖析与阐释。在前人研究的基础上，本书主要在以下三个方面做出了可能的改进和创新。

1. 构建资本账户开放的条件和时机选择的统一研究框架

既有文献大多将资本账户开放的条件问题和时机选择问题割裂开来，要么探讨资本账户开放的条件问题，要么讨论资本账户开放的时机选择问题。本书则将资本账户开放的条件和时机选择纳入统一研究框架，提出资本账户开放的条件与时机选择本质上属于同一问题。在资本账户开放综合效应最大化的目标和原则下，一国资本账户开放的程度与其经济金融初始条件发展程度相匹配，而后者决定了一国资本账户开放的最佳时机。本书通过构建纳入初始条件的资本账户开放经济增长效应和金融风险效应门槛回归模型，实证估计了各初始条件对资本账户开放经济增长效应和金融风险效应的门槛值，并在门槛回归结果的基础上，引入信号分析法，构建资本账户开放成熟度模型，对一国经济金融初始条件成熟度进行估计和量化。与以往研究相比，本书通过构建资本账户开放条件和时机选择的整合分析框架，使研究更加贴近客观实际。

2. 引入非线性分析框架，强调了金融发展对资本账户开放跨境资本流动效应的渐进演变作用

跨境资本流动与资本账户开放的联系一直受到学术界的广泛关注。以往文献通常假设资本账户开放与跨境资本流动规模之间的关系固定不变，因而一般采用线性模型展开实证检验，如 Arize 等（1995）研究发现资本账户开放的跨境资本流动效应与国内金融发展水平相关。仅以单一国家或新兴经济体、发达国家等具有同一属性的国家为研究对象展开分析，缺乏不同属性样本之间的比较。与以往文献不同，本书尝试在非线性框架下，充分考虑金融发展约束，运用面板平滑转换回归模型分析资本账户开放与跨境资本流动之间关系的渐进演变，并进一步比较和分析新兴经济体与发达经济体在资本账户开放跨境资本流动效应方面的差异，弥补了以往文献的研究样本过于单一的问题，丰富了对资本账户开放跨境资本流动效应的探讨。

3. 基于中国的经验证据，丰富了资本账户开放的人民币国际化效应的实证研究

国内现有文献对资本账户开放的人民币国际化效应分析大多基于定性分析，较少运用定量分析方法论证资本账户开放与人民币国际化之间的关系。本书首先阐释了资本账户开放对人民币国际化效应的作用机制，并在此基础上借鉴经典的“货币锚”模型，实证检验了资本账户开放的人民币国际化效应，在研究方法、数据资本方面均对现有文献进行了有益的补充。在样本国选取方面，以往文献遵从人民币国际化“先周边化，再亚洲化，最后全球化”的一般思路，而本书从国际货币职能角度出发，提出以从人民币国际化的优先地区中选取的执行人民币货币职能成本较小的新兴经济体为样本国。本书在实证分析中的样本国选取思路为人民币国际化路径选择问题的探讨提供了有益补充和新的思路。

陈若愚

2020 年 4 月

目录

1 导论／ 1

1.1 研究背景与意义／ 1

1.1.1 研究背景／ 1

1.1.2 研究意义／ 3

1.2 研究思路、框架与内容／ 4

1.3 研究方法／ 6

1.4 可能的创新点／ 7

2 概念界定与文献综述／ 9

2.1 概念界定／ 9

2.1.1 资本账户／ 9

2.1.2 资本账户开放／ 9

2.2 文献综述／ 10

2.2.1 资本账户开放的影响因素综述／ 10

2.2.2 资本账户开放的时机选择综述／ 12

2.2.3 资本账户开放的跨境资本流动效应综述／ 15

2.2.4 资本账户开放的人民币国际化效应综述／ 17

2.2.5 文献的进一步评述／ 18

2.3 本章小结／ 20

3 中国资本账户开放的发展历程和测算 / 21
3.1 中国资本账户开放的发展历程 / 21
3.1.1 中国资本账户开放的历程回顾 / 21
3.1.2 中国资本账户开放背后的行为逻辑及其转变 / 23
3.2 中国资本账户开放程度的测算 / 26
3.2.1 法定层面的测算方法 / 26
3.2.2 事实层面的测算方法 / 27
3.2.3 测度结果分析 / 30
3.3 本章小结 / 30
4 资本账户开放的条件分析 / 31
4.1 研究问题 / 31
4.2 理论假说的提出 / 33
4.3 基于综合效应的门槛模型设定和估计方法 / 35
4.3.1 纳入初始条件的资本账户开放综合效应模型设定 / 35
4.3.2 样本、变量及数据说明 / 36
4.3.3 模型参数的估计和检验 / 39
4.4 实证结果与分析 / 40
4.4.1 基准模型线性回归 / 40
4.4.2 加入初始条件的门槛回归 / 42
4.4.3 加入初始条件的资本账户各子领域门槛回归 / 49
4.5 本章小结 / 57
5 资本账户开放的时机抉择 / 58
5.1 研究问题 / 58
5.2 条件成熟度模型的构建及评估方法 / 59
5.2.1 模型的设定 / 59

5.2.2 评估方法 / 61

5.3 中国数据的实证检验及结果分析 / 65

5.3.1 资本账户开放条件成熟度的估计 / 65

5.3.2 资本账户各子领域开放条件成熟度的估计 / 67

5.4 本章小结 / 73

6 资本账户开放的跨境资本流动效应 / 74

6.1 研究问题 / 74

6.2 理论假说的提出 / 76

6.3 模型与方法 / 77

6.3.1 模型设定 / 78

6.3.2 估计方法 / 78

6.3.3 变量与数据说明 / 80

6.4 实证结果与分析 / 82

6.4.1 模型诊断检验 / 82

6.4.2 非线性模型的参数估计 / 85

6.4.3 新兴经济体与发达经济体的比较 / 86

6.4.4 对资本账户开放与跨境资本流动非线性关系的进一步分析 / 90

6.5 本章小结 / 93

7 资本账户开放的人民币国际化效应 / 95

7.1 研究问题 / 95

7.2 理论假说的提出 / 96

7.3 实证模型的构建 / 98

7.3.1 货币国际化的衡量标准 / 98

7.3.2 模型的设定 / 99

7.4 样本、变量及数据说明／ 100

7.4.1 样本的选取／ 100

7.4.2 变量选取及数据说明／ 106

7.5 回归结果分析／ 106

7.5.1 基础性回归／ 106

7.5.2 稳健性分析／ 110

7.6 本章小结／ 116

8 结论、建议与展望／ 117

8.1 主要结论／ 117

8.2 政策建议／ 119

8.3 研究展望／ 122

参考文献／ 124

附表／ 137

1 导论

1.1 研究背景与意义

1.1.1 研究背景

回顾40多年的改革开放，中国主动融入全球经济并在开放型经济建设方面取得了巨大成就。1996年中国已经实现了国际收支经常账户的全面开放，而在资本与金融项目方面，中国一直遵循先进后出、谨慎推动的渐进式开放思路，开放程度相对较低（张明，2016；张春生 等，2017）。根据国际货币基金组织（IMF）《汇兑安排与汇兑限制年报（2011）》，截至2011年年底，中国资本账户的40个子项目中，实现基本可兑换的项目为14个，主要集中在直接投资及清盘、信贷工具交易方面；实现部分可兑换的项目为22个，主要集中在股票交易、债券市场交易、房地产市场交易与个人资本交易方面；不可兑换项目为4项，主要包括非居民参与国内货币市场、基金信托市场以及衍生产品交易等。但随着中国改革力度的加大、开放向更宽领域更高层次的拓展以及人民币在国际货币体系中地位的上升，中国经济的进一步开放发展对资本账户的开放提出了更为急切的客观需求。为此，中国政府当局通过高层文件密集释放了尽快实现资本账户开放的积极信号。

2013年11月，中共十八届三中全会报告指出："推动资本市场双向开放，有序提高跨境资本和金融交易可兑换程度，建立健全宏观审慎管理框架下的外债和资本流动管理体系，加快实现人民币资本项目可兑换。"2015年10月，《中共中央关于制定国民经济和社会发展第十三个五年规划的建议》（简称《"十三五"规划建议》）指出："扩大金融业双向开放。有序实现人民币资本项目可兑换，推动人民币加入特别提款权，成为可兑换、可自由使用货币。"2017年7月，习近平总书记在第五次全国金融工作会议上指出，要"积极稳妥推动金融业对外开放，合理安排开放顺序”。上述官方纲领性文件的阐述，表明实现资本账户开放已经成为中国政府中期政策目标。

从目标上看，资本账户开放是一国金融长期发展的必然选择，但从实现方式上看，一国“何时开放”“如何开放”以及“开放后会带来什么”等问题一直是学术界和政府当局关心和争论的焦点，这是由资本账户开放具有正反两面经济效应决定的。从资本账户开放的历史实践来看，资本账户开放并不总是如理论预期的“放松管制、解放压抑的资本账户就能解决一切问题”①。事实证明，脱离国情和发展阶段的资本账户开放实现方式可能会造成事与愿违的结果，如20世纪末期的拉美和亚洲金融危机便是这一问题最鲜明的体现（见表1-1）。

表1-1 20世纪末新兴经济体资本账户开放时间与金融危机时间

国家	法定开放时间/年	事实开放时间/年	金融危机发生时间/年
墨西哥	1989	1989	1982，1994—1995
巴西	1991	1992	1998
阿根廷	1989	1991	1982，1990—1991，2001—2001
泰国	1987	1988	1984，1997—1998，2000
印度尼西亚	1989	1989	1997—1998
菲律宾	1991	NA	1983，1997—1998
马来西亚	1988	1990	1997—1998
韩国	1992	1993	1997—1998

注：NA表示数据缺失。

相较于发达国家在资本账户开放中获得巨大国际资本红利而言，大多数新兴经济体在资本账户开放过程中并没有得到“华盛顿共识”预言的有序与和谐，它们倚重的国际资本也没能在危机时刻扮演稳定形势的角色。当危机在全球范围内波及时，这些国家境内金融系统也将受到外界金融波动的威胁，资本账户开放甚至成为新兴经济体发生金融风险的主要原因之一（陈雨露，2008；Kaminsky et al.，1999）。

① 麦克杜格尔-坎普模型（MacDougall，1960；Kemp，1966）论证了在资本自由流动情况下，资本会从边际产出较低的富裕国流向边际产出较高的稀缺国，资本的跨境自由流动会使流出国和流入国的产出都增加，进而使整个世界的产出和福利水平提高。此外，投资组合理论认为资本流动扩大了投资者资产组合的选择范围，持有境外资产可以使投资者在风险分担不变的前提下享有更高的投资收益。

资本账户开放既具有金融自由化所带来的经济增长正向效应，也具有金融开放所引致的金融不稳定等负向效应。一国资本账户开放的进程需要与国内自身金融体系和总体经济发展状况相协调，当一国资本账户开放进程超过国内金融深度和经济发展所能承载的限度时，会导致国内金融资产承担过度的金融风险，从而最终影响资本账户开放实践的结果。资本账户开放在发达国家和新兴经济体实践结果的差异，正是资本账户开放在不同国家具有不同效应的外在表现。可以说，资本账户开放本身无可厚非，但脱离本国国情和发展阶段的资本账户开放无疑会损害本国金融体系的稳定性和经济健康发展的持续性。有鉴于此，对一国资本账户开放问题的探讨离不开该国国内的基本国情和经济金融发展状况。本书正是在这样的背景下，将一国资本账户开放决策与其国内经济金融发展状况等基本国情结合在一起，在开放综合效应最大化的目标下，探讨“何时开放”以及“如何开放”的问题，并在此基础上更进一步地探讨资本账户开放的效应问题，即“资本账户开放会带来什么影响”。

1.1.2 研究意义

开放是国家繁荣发展的必由之路，党的十九大报告指出，“推动形成全面开放新格局”。中国已经进入深度开放发展的关键时期，资本账户开放作为中国建设开放型经济新体制的重要组成部分，影响着新一轮对外开放的进程和质量。从国际层面上看，新一轮国际贸易谈判更加强调贸易与投资并举，投资协定与服务贸易相关联，资本账户开放影响着中国与国际开放新标准、新规则的对接，进而影响着中国在新一轮对外开放中的贸易自由化谈判和自由化进程；从国内层面上看，随着中国金融改革的不断深入，经济持续平稳较快增长，资本管制已经对中国企业“走出去”、人民币“走出去”形成了一定限制。从根本上说，资本账户开放对中国深度融入全球经济、实现大国复兴和“中国梦”具有重大意义。

一方面，资本账户开放并不是一个盲目开放的过程，资本账户开放需要与国内经济金融发展状况相匹配，脱离国情和发展阶段的资本账户开放会对国内经济造成一定程度的负面影响。本书通过构建纳入初始条件的资本账户开放经济增长效应门槛模型和金融风险门槛模型，在非线性框架下实证分析了一国经济金融初始条件与资本账户开放经济增长效应和金融风险效应之间的关系，论证了一国资本账户开放的程度和顺序需要与其基本国情相符这一典型事实，为一国资本账户开放政策实施的时机选择奠定了理论基础，对中国实施资本项目有管理的可自由兑换具有重要借鉴意义。在具体研究方法上，本书将资本账户开放的条件和时机选择纳入统一研究框架，改进了现有文献常将两者分开研究的思路。

另一方面，资本账户开放所带来的最直接和最直观的效应是跨境资本流动。在一国国内金融发展水平作用下，资本账户开放所带来的跨境资本流动效应是变化的，因此，本书在非线性框架下对资本账户开放的跨境资本流动效应展开研究，使得研究更加贴近实际。对此问题的分析，可以为中国避免因资本账户开放而受跨境资本流动“大进大出”的影响提供重要的理论支撑。此外，本书更进一步地采用定量分析的方法探讨了资本账户开放的人民币国际化效应，在研究方法上丰富了当前文献对资本账户开放的人民币国际化效应的研讨，为人民币“走出去”提供了可借鉴的宝贵意见和理论支撑。

1.2 研究思路、框架与内容

本书首先在非线性框架下分析了初始条件与资本账户开放经济增长效应和金融风险效应之间的关系，结合门槛分析的实证结果，构建了资本账户开放条件成熟度模型，重点探讨了资本账户开放的条件问题。接着，本书又进一步探讨了资本账户开放的效应问题，尝试解决“资本账户开放会带来什么影响”的问题，并运用定量分析的方法，实证分析了资本账户开放的跨境资本流动效应和人民币国际化效应。

综上所述，本书的研究内容与框架如图 1-1 所示。

本书具体内容安排如下：

第一章简要地介绍了本书研究的背景、意义以及推进研究的思路、主要内容和框架，最后介绍了本书研究的方法和本书的可能创新点。

第二章主要围绕四个方面展开：一是归纳总结影响资本账户开放效应的国内经济金融初始条件，包括宏观经济方面的金融发展、贸易开放程度、通货膨胀等以及政策环境方面的制度质量、外汇储备等方面的因素；二是对国内外关于资本账户开放顺序和时机选择问题的相关研究进行梳理和总结；三是从理论和实证两个层面回顾和梳理资本账户开放与跨境资本流动效应之间关系的相关研究；四是梳理了关于资本账户开放与人民币国际化之间关系的文献。

第三章首先回顾了中国资本账户的开放历程并定性分析了开放背后的行为逻辑与转变；然后基于定量的研究方法，采用法定层面和事实层面等的多种资

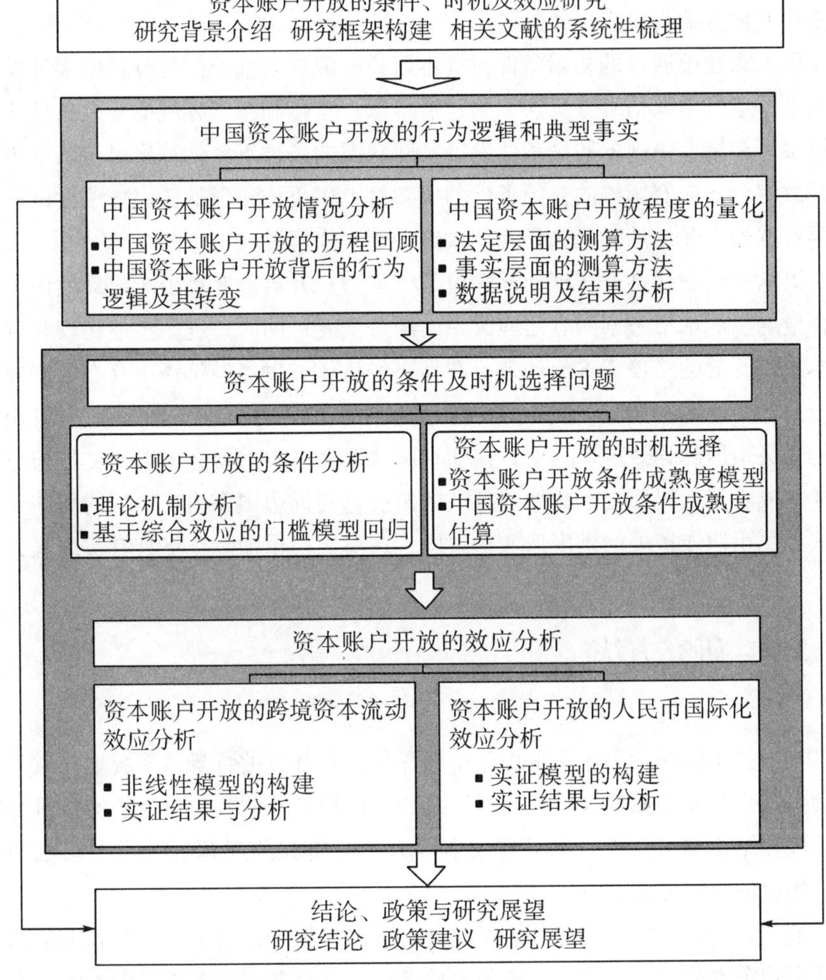

图 1-1 本书的研究内容与框架

本账户开放度量方法对中国资本账户开放进行量化，对中国历史上和现阶段的资本账户开放状况进行分析。

第四章构建了资本账户开放综合效应门槛回归模型，考察一系列初始条件对资本账户开放经济增长效应和金融风险效应的综合作用；在资本账户开放综合效应最大化的目标和原则下，估算出各初始条件对资本账户开放经济增长效应和金融风险效应造成不同影响的门槛值和区间。同时，本章结合各国开放实践经验，进一步细化研究对象，针对资本账户各子领域开放问题展开研究，通过考察初始条件对资本账户各子领域开放的综合影响，估算出各初始条件对资本账户不同子领域开放综合效应造成不同影响的门槛值和区间，为各国推进资本账户有序开放提供有价值的参考。

第五章在第四章的初始条件对资本账户开放综合效应门槛分析的实证结果基础上，通过引入信号分析法，构建资本账户整体和各子领域的开放条件成熟度模型，在结合中国各初始条件发展实际状况的条件下，估算出对中国资本账户开放综合效应有影响的初始条件的成熟度，以更加科学的研究方法尝试解决中国资本账户开放的时机选择和开放路径等现实问题。

第六章在非线性分析框架下探讨了资本账户开放的跨境资本流动效应，并结合金融发展水平考察两者之间关系的渐进演变；同时，进一步地比较和分析资本账户开放的跨境资本流动效应在新兴经济体和发达经济体中存在的差异。

第七章运用经典的“货币锚”模型在面板数据基础上分析了资本账户开放的人民币国际化效应。其中，在样本国选取上，本书摒弃了以往文献随意选取样本或者从人民币国际化地理拓展的角度选择周边国家为样本国的做法，转而从人民币职能扩展的维度选取样本国，这对人民币国际化更具有实用意义。

1.3 研究方法

本书基于国际货币体系重构与中国深化改革开放的背景，系统地探讨了一国资本账户开放的条件、时机选择以及资本账户开放的效应。为了增强研究的科学性和结论的可靠性，本书运用多种方法对研究的问题进行了多层次的探讨，相应的研究方法如下：

第一，理论分析与实证分析相结合。本书在梳理已有文献的基础上，归纳总结影响资本账户开放综合效应的初始条件，阐释各初始条件对资本账户开放综合效应的影响机制，并利用跨国层面的面板数据对各初始条件与资本账户开放综合效应展开实证分析。本书对资本账户开放的跨境资本流动效应和人民币国际化效应分析的实证检验，是在理论机制分析的基础上提出研究假说，并构建合适的计量模型，运用新颖的数据资料对理论假说进行实证检验。

第二，定性分析与定量分析相结合。本书通过典型事实的描述对中国资本账户开放历史进程及其背后的行为逻辑进行了定性分析。在定性分析的基础上，本书采用多种测度方法对中国资本账户开放程度进行了定量分析，量化了2002—2013年各季度中国资本账户开放程度。除此之外，本书运用相关定量方法对资本账户开放条件成熟度进行了量化分析，探究了不同子领域开放条件的差异。本书通过定性分析与定量分析相结合，更为系统、科学地研究了资本账户开放的条件、时机选择及效应。

第三，对比分析法。由于新兴经济体和发达国家在经济金融发展阶段上存在差异，为更全面地分析资本账户开放跨境资本流动效应，本书运用了对比分析法，将研究样本分为新兴经济体和发达国家两个子样本展开对比分析，以捕捉新兴经济体和发达国家资本账户开放所带来的跨境资本流动规模和特征的差异。

第四，多种计量方法的综合运用。在资本账户开放的条件问题研究中，根据初始条件对资本账户开放综合效应影响的非线性特征，本书采用门槛回归分析的计量模型；在门槛回归分析的基础上，本书引入了信号分析法对影响资本账户开放的初始条件进行成熟度量化。之后，本书进一步运用面板平滑转换模型在非线性框架下分析了资本账户开放跨境资本流动效应的特征。此外，在内生性问题的处理上，本书也综合运用了多种处理方法：一是在变量选取上，尽量避免存在自选择偏误的内生变量；二是运用不同的回归方法以及不同的控制变量和缩小样本等的方法进行稳健性检验。

1.4 可能的创新点

本书阐述了一国资本账户开放的“条件—行为—效应”循环机制。在研究过程中，本书从不同视角对资本账户开放的条件、时机以及效应进行了深入探讨，并运用多种研究方法对相关问题进行了系统剖析与阐释。在前人研究的基础上，本书主要在以下三个方面做出了可能的改进和创新：

1. 统一探讨资本账户开放的条件和时机选择问题

既有文献大多将资本账户开放的条件问题和时机选择问题割裂开来，要么只探讨资本账户开放的条件问题，要么只讨论资本账户开放的时机选择问题。本书则将资本账户开放的条件和时机选择纳入统一研究框架中，提出资本账户开放的条件与时机选择本质上属于同一问题。在资本账户开放综合效应最大化的目标和原则下，一国资本账户开放的程度与其经济金融初始条件发展程度相匹配，而后者决定了一国资本账户开放的最佳时机。本书通过构建纳入初始条件的资本账户开放经济增长效应和金融风险效应门槛回归模型，实证估计了各初始条件对资本账户开放经济增长效应和金融风险效应的门槛值，并在门槛回归结果的基础上，引入信号分析法，构建资本账户开放成熟度模型，对一国经济金融初始条件成熟度进行估计和量化。与以往研究相比，本书通过构建资本账户开放条件和时机选择的整合分析框架，使研究更加贴近客观实际。

2. 引入非线性分析框架，强调了金融发展对资本账户开放跨境资本流动效应的渐进演变作用

跨境资本流动与资本账户开放的联系一直受到学术界的广泛关注。以往文献通常假设资本账户开放与跨境资本流动规模之间的关系固定不变，因而一般采用线性模型展开实证检验，但 Aoki 等（2010）研究发现资本账户开放的跨境资本流动效应与国内金融发展水平相关。仅以单一国家或新兴经济体、发达国家等具有同一属性的国家为研究对象展开分析，缺乏不同属性样本之间的比较。与以往文献不同，本书尝试在非线性框架下，充分考虑金融发展约束，运用面板平滑转换回归模型分析资本账户开放与跨境资本流动之间关系的渐进演变，并进一步比较和分析新兴经济体与发达经济体在资本账户开放跨境资本流动效应方面的差异，弥补了以往文献研究样本过于单一的问题，丰富了对资本账户开放跨境资本流动效应的探讨。

3. 基于中国的经验证据，丰富了资本账户开放的人民币国际化效应的实证研究

国内现有文献对资本账户开放的人民币国际化效应分析大多基于定性分析，较少运用定量分析方法论证资本账户开放与人民币国际化之间的关系。本书首先阐释了资本账户开放对人民币国际化效应的作用机制，并在此基础上借鉴经典的“货币锚”模型，实证检验了资本账户开放的人民币国际化效应，在研究方法、数据资本方面均对现有文献进行了有益的补充。在样本国选取方面，以往文献遵从人民币国际化“先周边化，再亚洲化，最后全球化”的一般思路，而本书从国际货币职能角度出发，提出以从人民币国际化的优先地区中选取的执行人民币货币职能成本较小的新兴经济体为样本国。本书在实证分析中的样本国选取思路为人民币国际化路径选择问题的探讨提供了有益补充和新的思路。

2 概念界定与文献综述

2.1 概念界定

2.1.1 资本账户

资本账户（capital account）是构成国际收支平衡表的核心要素，记录了一国在一定时期内与其他国家或地区所发生的金融资产和负债的变动。当前，学术界对资本账户的具体定义尚无统一定论，其中，国际货币基金组织（IMF）出版的《国际收支手册》对其进行了较为详细的描述。在此基础上，本书认为资本账户是以货币形式表现的记录在国际收支中的资本与金融账户的总和。按照类型划分，资本账户可以分为资本项目类（资金的流动项目，如房地产跨境投资和非企业资本转移）、直接投资类（外国直接投资与国内企业对外进行直接投资、跨国并购等）、股本证券投资类（股本、证券跨境投资和债券债务跨境投资等）和其他投资（以跨境贷款为主，包括贸易信贷、存贷款等）。

2.1.2 资本账户开放

资本账户交易的复杂性与多样性，使得资本账户开放无论是在官方还是在学术界都没有严格的统一的定义。IMF 在一份内部报告中对资本账户开放进行了定义：资本账户开放就是一国政府或金融监管机构将施加在资本与金融账户上的资本流动管制，如对资本数量的限制与补贴、征税等进行解除。1994 年，中国人民银行举办的货币可兑换研讨会定义资本账户开放为“不采取征收税金、补贴等管制政策或对国际资本跨界交易进行限制”。

本书认为资本账户开放主要包括两个方面的内容：其一是一国金融管理机构放松对资本账户下各类子项目的管制，解除资本账户交易的限制；其二是一国货币当局取消资本交易的相关外汇管制。因此，资本账户开放的内涵体现为跨境资本流动的自由程度和资本交易的本外币兑换自由程度。

为准确认识资本账户开放，本书着重指明以下两点：①资本账户的开放程度具有相对性。虽然大部分学者或政府当局认为资本账户开放应该准许资金跨境自由流动，取消相应交易限制，但是出于本国国情考虑以及世界经济发展外部环境的不确定性，大部分国家会结合国际国内两个市场的情况而制定相应的政策去管制部分资本项目，将资本账户开放权利掌握在本国手中，一旦国内或者国际经济环境发生变化，会进行相应的调整。目前，没有任何一个国家的资本账户是绝对开放的，即便是美国、日本这样全球公认的资本账户开放程度最高的国家，也会部分地限制国外资本在国内自由流动。②资本账户开放并不悖于一国金融管理当局的审慎管理理念。资本账户开放具有正、负两个效应的基本面，一方面，开放会带来国际资本红利，有助于促进国内经济增长，深化金融领域改革；另一方面，开放也会将国际金融市场的波动引入国内。发达国家成功的资本账户开放实践为 IMF 积极鼓励世界各国主动开放资本账户提供了重要理论和实践支撑，然而，大多数新兴经济体在资本账户开放实践过程中并未获得预期的成果，相反却遭遇了不同程度的金融危机。2011 年 4 月，IMF 转变了以往积极鼓励的态度，在报告中提出，“应采取审慎的立场，各国应结合自身国情，在必要的时候进行资本管制，从而应对大规模资本流入的危机，减少金融危机风险”。中国一直采取比较谨慎的态度对待资本账户的开放，这虽然在一定程度上阻碍了金融的发展，但是在历次金融危机中也最低限度地降低了所遭受的冲击。

2.2　文献综述

2.2.1　资本账户开放的影响因素综述

资本账户开放需要宏观经济环境和一系列适当的金融政策改革相配合，这些先决条件是保证资本账户成功开放和持续开放的基础（陈元 等，2014）。对资本账户开放影响因素的研究也是从这些先决条件出发的，总体来看，国内外学者主要从宏观经济因素和政治法律法规环境因素两方面来探讨资本账户开放的影响因素问题。具体来看，其影响因素主要包括：①经济发展水平；②宏观经济的稳健性及通货膨胀率；③国内金融市场深度和政府对金融机构的管理及改革；④国内金融市场的流动性和多样性；⑤货币政策；⑥汇率政策；⑦经常账户收支及对外投资水平；⑧外汇储备充裕程度；⑨外贸出口多样性；⑩银行、金融机构与资本市场容量及发达程度。

（1）宏观经济方面。Alesina 和 Summers（1993）发现当一国政府机构规模越庞大，对央行独立性要求越低时，该国为了保持较低的国内市场利率，越有可能选择实施大范围的资本管制，从而影响该国的资本账户开放程度。Grilli 和 Milesi-Ferretti（1995）发现当一国政府机构越多，国民收入水平越低时，特别是发展中国家为了获得高额税收，越有可能实施较高水平的资本管制，从而阻碍本国资本账户的开放进程。Leblang（1997）通过研究发现，实行固定汇率制，且外汇储备规模较小的国家往往更愿意实施资本管制，资本账户开放程度也较低。姜波克（1999）发现当一国短期跨境国际流动资本占比较高时，资本账户开放往往会对该国国内经济造成较为严重的冲击。Bumann 和 Lensink（2016）发现当一国金融深化程度较低时，资本账户开放并不会带来预期中的对贫富差距的改变，甚至有可能会导致贫富差距更加恶化；而只有当一国金融深化程度较高时，资本账户开放才会缓解收入分配不均的问题。但是，熊芳和黄宪（2008）却认为并非只有在金融深化程度较高时才可以开放资本账户，相反，资本管制的放松往往会反向促进本国国内金融的稳定健康发展。近年来，一些学者开始综合分析几种不同的宏观经济变量对资本账户开放的影响。朱冰倩和潘英丽（2015）将一国的经济发展水平、国内金融市场发展深度、金融资产市场多元性与流动性、对外直接投资规模、外汇储备充足程度、宏观经济环境稳健性综合起来，实证分析这六个经济变量对资本账户开放程度的影响。王曦（2015）研究影响资本流出和流入项目开放程度的因素时，发现具有较高的经济发展程度、较低的通货膨胀率、适当的贸易开放程度、较高的政治民主水平，将同时对资本流出项目和流入项目的开放产生显著的促进作用；而较大的对外净资产头寸有利于资本流出项目的开放。

（2）政治法律法规环境方面。马西森（1995）发现经济政策的延续性、一致性以及可信度会显著影响该国资本账户开放的可持续性。Klein（2005）发现一国制度环境越好，越有利于促进该国资本账户开放。Pandya（2014）发现一国民主程度与资本账户开放程度呈现正相关关系，即一国民主程度越高，往往资本账户开放程度也越高；一国民主程度越低，往往资本账户开放程度也越低。Trabelsi 和 Cherif（2017）着重探究了私人部门对资本开放的影响，研究发现一国的私人部门越高效，制度环境越发达，资本流动就会越自由，资本账户开放水平也越高。

彭红枫（2015，2018）认为资本账户的开放需要依赖于良好的宏观经济基础，但也需要配套的政治制度环境以及相应的经济运行机制来保证资本账户开放的可持续性。之前的学者对资本账户开放影响因素的分析都比较片面，虽然考虑了宏观经济因素和政治制度因素，但并未系统地将两者结合起来综合考虑其对资本账户开放的影响，而这两者本身是缺一不可的，单独从一个角度出发可能会得出与从另一个角度出发得到的结论相割裂的结论而使得研究结果具有不足之处。因此，我们需要综合考虑宏观经济和政治经济环境来分析影响资本账户开放程度的因素。

2.2.2 资本账户开放的时机选择综述

一国应该在什么时候、选择什么样的时机、以什么样的方式开放自己的资本账户，或者说资本账户开放应该满足什么前提条件，这些问题在近几年来得到了一国政府当局以及学术界越来越密切的关注。资本账户开放一方面可以为一国经济发展带来外部资金，另一方面则会对国内金融稳定造成冲击，产生不利影响。一国的经济承受能力和适应能力，决定着资本账户开放能否对该国国内经济的发展产生促进作用，也决定着该国选择什么时候为资本账户开放的最佳时机。资本账户开放往往需要与国内其他各项金融改革措施配套实施，如汇率自由化改革、利率市场化改革。如何对这些改革措施进行合适的安排，这些金融改革的先后顺序应该是什么，着力点在哪儿，这些问题仍然悬而未决，在学术界也存在着激烈的争论。2012 年，中国人民银行发布一份名为《我国加快资本账户开放的条件基本成熟》的报告，该报告从国际一般标准出发论述了中国扩大资本账户开放的条件已经成熟。2015 年，时任中国人民银行行长周小川在国家发展高层论坛上表示，中国将在 2015 年加快实现资本项目的可兑换。随后，一系列相关调查研究政策报告相继出台，毫无疑问，中国资本账户开放已处于顶层设计的关键时期。无论是政府还是学术领域都针对这个话题展开了热烈的讨论，而讨论的核心就是如何确定深化国内结构性改革、实体产业转型升级和资本账户开放的先后顺序问题，即资本账户开放的最佳时机选择问题。

一国有效进行资本账户开放的时机选择应该根据本国的初始条件，在评估本国金融部门和经济承受能力的基础上，安排合适的开放次序、制定合适的开放策略和把握一定的开放尺度，这是资本账户开放时机选择问题的核心和本质。Schneider（2000）认为资本账户开放要达到促进经济增长的目的，需要具备一定的前提条件，包括财政稳固、政府负债较少、经常项目收支平衡、金融发展达到一定水平、贸易出口多样性以及中央银行或金融监管部门宏观审慎管理等。Bekaert 等（2001）指出由于各个国家人力资本、要素禀赋、政府管控能力、法律法规体系等因素不同，各个国家推进资本账户开放的时机选择和程度也不应相同。Edwards（2002，2007，2008）指出资本账户开放与国内经济、金融改革之间的推进的先后顺序问题，是在经济改革的排序问题中最为主要和关键的问题之一。Chinn 和 Ito（2006）的实证分析表明资本账户开放并不一定要求金融发展到一定程度。Kose（2009）将金融发展、制度质量、宏观经济政策、市场化等因素与贸易自由化程度等同在一起，这些因素为资本账户开放的平稳推进创造了有利条件。值得注意的是，他的结论并不意味着一国初始条件达到一定程度或者基本成熟后就可以立即开放资本账户，而是说明初始条件没有达到一定程度或者成熟度的国家在选择资本账户开放时要慎重考虑，谨慎开放。熊芳和黄宪（2008）采用 1978—2005 年的数据，运用最小二乘回归实证分析了资本账户、经常账户的开放（采用进出口总额占 GDP 比重来衡量）与制度质量、金融发展水平、外汇储备占 GDP 比重、人均 GDP 等变量之间的关系。研究结果发现，资本账户开放对金融发展的促进是显著而稳定的，但资本账户开放的总体效应受到制度质量制约。Eichengreen 等（2011）发现一国要想通过资本账户开放来获得相应收益，关键在于其是否拥有较为发达的金融体系、高效有力的法律法规等。Kaya 等（2012）也认为一国法律法规对投资人保护的力度、该国产业结构与工业化水平、金融发展质量、政府对宏观经济的调控能力等，都是影响资本账户开放最佳时机选择的重要因素。Kein（2008）发现发达国家将资本账户开放后，显著地促进了本国金融市场深度，成功带动了经济发展，并且从中获取了较大的收益；而发展中国家金融体系不健全、市场化程度不高、行政管理效率低下等原因导致资本账户开放时机的延后。因此一国要想尽快地推进资本账户开放并从开放中获得相应的利益，应该先让本国金融发展水平达到一定的程度，超过相应的门槛值。为此，Kein（2008）认为国内金融改革应该先于资本账户开放。与 Kein（2008）相同，Eichengreen（2011）在对亚洲国家资本账户开放时机选择问题的探讨中也得出了相似观点。Arora（2013）也认为，在通过资本账户开放获取收益的同时将风险降低到一定水平，则一国在金融制度上和经济发展水平上都要有一定的基础。杨小海（2017）基于 DSGE（动态随机一般均衡）两国模型，模拟了中国对外进行股权、债券投资开放的过程，对其中的潜在风险进行评估。模拟和评估结果表明，无论在哪种政策安排下，放松资本管制均会导致中国面临资本外流的压力，而且资本管制越宽松，资本流出速度会越快，甚至出现资本大规模逃离的现象。因此，一国应更加重视经济的结构性改革，使其优先于资本账户开放，同时降低本国居民的风险厌恶程度，加快国内金融体系改革，这些将会显著降低未来资本账户开放后政府或金融监管机构面对资本外流的压力。

此外，就中国资本账户开放时机选择问题而言，当前学术界对利率市场化、汇率改制与资本账户开放之间的关系存在两派观点。对资本账户开放持谨慎态度的学者认为，若要进行资本账户开放，必须先进行利率、汇率的市场化改革，国家只有将灵活的利率、汇率定价机制与一国健全的金融体系相结合才能够有效抵消资本账户开放带来的资本流动冲击，降低发生金融危机的可能性，维护宏观经济的稳定和可持续发展，因此应当先进行利率和汇率市场化改革，再推动人民币资本账户开放（余永定 等，2012）。对资本账户开放持积极观点的学者则认为，人民币资本账户开放的条件应是在推进改革过程中出现的，改革与资本账户开放相辅相成而无先后顺序，易宪容（2002）在中国人民银行调查统计司调研查证的基础上进一步深入探讨中国资本账户开放问题，认为一些传统理论的假设前提如“三元悖论”和利率平价理论并不适用于中国，中国资本账户开放问题有其特殊性，中国拥有庞大的经济体量，同时中国金融政策、制度体系、法律法规等因素之间关系异常复杂，如果要依照先后顺序，等对内改革全部完成后才开始进行资本账户开放，那么我国可能始终无法满足完美的资本账户开放必要条件，也会因此错失开放时机导致自身发展滞后于世界。因此，马杰（2007）认为中国应统筹推进改革开放，协调推进利率、汇率改革和资本账户开放，这才是正确合理的适合中国的人民币资本账户开放路径。

从根本上说，评估资本账户开放时机选择是否合理的核心标准就是资本账户开放成本的大小，即资本账户开放所引致的资本跨境流动是否会对国内宏观经济造成一定程度的冲击。资本账户开放会带来资金的跨境流动，包括国际资本流入和国内资本流出两个方面，短期跨境流动资本的“大进大出”会影响国内货币供给，增大央行货币调控的难度，从而造成一定程度的物价波动，这些影响将一直持续下去直到套利机会消失。同时，从政府调控宏观经济的目标来看，资本账户的开放会对一国的国际收支结构造成冲击继而影响国内经济发展。倪权生和潘英丽（2013）将资本账户开放过程中可能产生的风险总结为五大类：国际短期资本“大进大出”冲击国内金融市场；国际短期资本“大进大出”冲击国际收支结构导致国际收支恶化；通胀压力增加导致物价不稳、民心不安；短期外债规模增大冲击地方债务结构，引发潜在偿债风险或可能导致债务危机；货币被跨境资金货币替代的风险导致的金融风险。因此，国内改革与资本账户开放应遵循合理的顺序，完善的国内金融环境以及配套体系的健全可以显著降低资本账户开放的成本。胡逸闻（2015）囊括我国目前存在的结构性变化，采用时变参数向量自回归模型展开实证模拟分析，认为人民币资本账户开放应嵌入利率和汇率改革过程之中统筹进行，而不是在完成利率市场化、汇率改制之后再进行。如果政府以宏观经济稳定为主要目标，那么最合适的人民币资本账户开放路径应该是：利率市场化→资本账户部分开放→汇率市场化→资本账户全部开放。盛松成和刘西（2015）、伍戈和温军伟（2013）等学者也认为资本账户开放应当与利率、汇率改革同步进行，协调推进。资本账户开放的前提条件虽然客观存在，但并不是绝对的。苏治和李进（2017）发现，汇率自由化与利率市场化存在相互促进、相辅相成的关系，两者都会显著促进资本账户开放进程；更重要的是汇率自由化有助于抑制金融风险的爆发，因此，此三项改革应当遵循“先汇率制度改革，再利率市场化改革，最后资本账户开放”的顺序。裴长洪和余颖丰（2011）运用DSGE模型，分别测算了资本账户开放和利率市场化的先后顺序如何影响宏观经济波动，以及是否增加了社会总福利。羌建新（2005）对资本账户开放、金融体系改革与国民福利的关系进行了研究，研究结果发现，在本国福利最大化的目标下，一国应先进行资本账户开放，再进行金融体系改革，同时，提高汇率弹性会促进本国国民福利的提高，因此，汇率制度改革应处于资本账户开放与金融体系改革过程之中。

2.2.3 资本账户开放的跨境资本流动效应综述

跨境资本流动是资本账户开放最为直接和直观的效应。目前学术界普遍认为资本账户开放将会导致资本流动加剧，但是关于资本流动的决定因素，国内外学者们并没有达成一致意见。Calvo 等（1996）通过实证分析发现，美国以及一些发达国家的低利率甚至是负利率水平，是导致大量国际资本从这些发达国家加速流入具有高利率水平的发展中国家的主要原因，因此，利差是资本账户开放过程中的跨境资本流动的主导因素，这在某种程度上论证了资本的逐利性本质。Lane（2004）使用1970—1995年的宏观经济数据，对发展中国家的跨境资本流动展开实证分析，研究结果表明，国际债权债务流动的决定性因素主要是发展中国家国内信贷市场的摩擦。Portes 和 Rey（2005）研究发现，国际信贷市场不完善、规则制度不健全不仅会影响到资本账户开放的跨境资本流动效应规模，还会影响到跨境资本流动的方向。随着金融发展在国际金融研究中得到越来越多的重视，学术界也开始从金融市场发展水平这一角度来对资本账户开放的资本跨境流动效应问题进行探讨。Aghion 等（2004）和 Caballero 和 Krishnamurthy（2004）均认为新兴经济体的金融发展水平整体上处于中等水平时，其资本账户的开放应该遵循循序渐进原则，过早的开放资本账户会加剧金融动荡的风险，甚至引发金融危机。Aizenman 等（2007）、Broner 和 Ventura（2010）、Park 和 An（2012）均发现，一国金融市场发展程度越高，金融体制改革越成熟，跨境资本流动的波动幅度就越低，进而越能显著降低跨境资本流动对国内经济的冲击。此外，越来越多的学者除了关注资本账户开放的跨境资本流动效应的规模问题，也逐渐开始注意到资本账户开放的跨境资本流动效应的流向问题。Aoki 等（2010）通过模型理论分析得出，资本的边际生产率和国内资本市场利率水平在很大程度上决定了国际资本的流向。近年来，随着计量软件的不断更新，数据的可得性增大，涌现出大量从实证分析的角度来考察国际资本流向的文献。Prasad 和 Rajan（2008）通过建立非线性的研究框架对资本账户开放的“门阀效应”进行了分析，认为资本账户的开放对国际资本流向的影响有国别上的区别。瑞典、芬兰和西班牙等国家开放资本账户使得资本以不同的形式如对外证券投资或其他对外投资跨境流出，而丹麦、智利、哥伦比亚等国家却出现了资本的净流入。Kalemli（2003）、Gonzalez 等（2005）的研究均发现在金融发展水平作用下，资本账户开放的跨境资本流动方向并不一定会令资本始终从利率水平低的国家流向利率水平高的国家。他们认为金融发展水平越高的国家，资本投资所承担的风险水平越低，资本在追逐高利率的同时也会将风险考虑在内。Bayoumi 和 Ohnsorge（2013）的研究表明，当开放资本账户后，国内股票和债券市场会发生资金净流出，同时这也能使国内投资者有更多的多元化投资机会。Axel 等（2006）等人的最新研究表明，国内金融发展水平的不同会影响资本账户开放进程中跨境资本流入或流出的规模，进而影响到跨境资本流动的方向。

近年来，随着中国 QDII（合格境内机构投资者）与 QFII（合格境外机构投资者）的相继实施，中国境内境外一些得到认证的合格机构可以在境外境内展开合法投资，这也表明我国资本账户正在逐步开放。为此，学术界对跨境资本流动及其效应也非常重视，针对中国的资本账户开放的跨境资本流动效应的研究也越来越多。杨子晖和陈创练（2015）在非线性框架下深入研究了全球 69 个国家的跨境资本流动效应，研究结果表明，跨境投资和证券投资的规模和方向与资本账户开放具有很强的联系，并且资本流动的波动性也会随着资本账户的开放而加剧。郑挺国和宋涛（2011）研究发现，一国国内金融发展水平与资本账户开放的跨境资本流动效应存在非线性关系，除此之外，非线性特征还体现在短期资本波动存在结构性和区制转移的问题。

2.2.4 资本账户开放的人民币国际化效应综述

在学术界，学者讨论最多的便是中国推动人民币国际化与资本账户开放究竟有何关系，而当政府在研究如何推进人民币国际化的过程时，两者之间的关系也成为争论的核心。一些学者认为要想为资本账户的开放开辟路径，应当使人民币国际化先于资本账户开放。孙杰（2014）认为人民币要想实现资本项目可兑换，必须要国际化，只有当人民币成为国际货币，在国际资本市场上占有一席之地时，金融衍生产品的市场才能得到大规模的发展，短期资本市场才能够得以开放。孙俊和于津平（2014）认为从根源上来讲，货币国际化与资本项目可兑换具有各自内在的独立性，两者之间并无绝对的关联，但是人民币国际化可以充当在资本账户开放后的内在压舱石，保证人民币的币值相对稳定，防范化解金融风险，阻止金融危机在中国发生。因此对于中国来说，中国政府应当在人民币资本账户可兑换之前大力推进人民币国际化。但是与此同时，一些学者则认为人民币国际化还有很长的路要走，纵观世界上通用的几种国际货币，其国际化过程都是一个漫长的历史过程，因此中国政府要想推动人民币国际化进程，需要先逐步实现人民币的自由兑换，而在解决人民币自由兑换的过程中，对资本账户进行开放是实现人民币自由兑换的关键一步。孙凯（2014）认为，人民币国际化就是指人民币不受地域的限制可以在任何一个地方进行交易，此外，人民币可以在国际贸易中执行清算、支付等国际货币的功能，成为一种被大部分国家和地区接受的货币。因此，人民币要想实现国际化应该先完成人民币自由兑换。孙力军（2008）提出，国际货币不仅仅是货币可以自由兑换，它还有储备、支付等功能。但是人民币要想发挥国际化相对应的国际货币职能，又必须要以资本项目可兑换为前提条件。王国松（2012）认为一国货币要想成为国际货币，需要实现国际货币的一系列基础条件，而在这些基础条件当中最重要的是充分实现该货币的可自由兑换功能。他在分析了我国资本账户下的交易事项以及人民币可兑换现状后，认为我国对资本账户下的交易进行的管制较多，而这些都将制约国外企业、居民将人民币作为资产持有，这对于人民币的国际化进程有较大的不利影响。上面两种观点都在将人民币国际化和人民币的可自由兑换进行排序。除了以上两种观点，还有一部分学者或政府官员认为这两者之间虽然具有一定程度的联系，但是顺序并不具有先后之分。王锦惠等（2007）认为，一国货币想要实现国际化，但是在起步阶段并不一定会实现完全自由兑换，向着国际货币方向发展的过程可以同货币逐步实现自由兑换密切联系在一起。但需要注意的是，两者之间并不是同一回事。因为纵观世界上的成熟的国际货币，都必然是可以完全自由兑换的，而货币国际化发展初期，货币并不会实现完全可兑换。姜波克（2004）将人民币国际化从初始到成熟的过程与资本账户的逐步开放联系在一起，认为这两者之间具有内在统一性，可以协调推进，同步进行。黄梅波、熊爱宗（2009）将一些初始条件与人民币国际化、资本账户开放综合分析，认为人民币要实现国际化就需要对内改革，如国内金融市场改革、健全金融体系、规范相应法律法规等，同时这些改革措施对于保证资本账户平稳开放也具有非常重要的意义。吴官政（2012）通过研究日元的国际化发展历程，以及将日本国内金融发展程度、经济发展水平、资本账户开放联系在一起进行剖析，提出一国货币实现国际化并不必然要求资本账户开放，但是一国货币若要充分发挥世界货币职能则必须开放资本账户；同时，他还提出了今后开放资本账户以推进人民币成为国际贸易结算货币、投资标的货币和国际储备货币的政策建议。殷剑峰（2011）运用面板数据模型，针对美国、英国、日本和瑞士四个重要的国际货币国家1995—2013年的数据，实证分析得出：资本账户开放过程中要逐步放开对于直接投资流入的管制，对于直接投资流出管制放开的同时要注重监管。这些研究成果对中国开放资本账户以及人民币国际化提供了重要的国外经验。张春宝（2016）也规范分析了美国、日本、德国三个主要国际储备货币国家的资本账户开放同货币国际化之间的关系，认为国际经验表明一国要想推动货币国际化，资本账户开放是很关键的因素。人民对一国货币信赖的重要基础是该货币能够实现全球范围内的有效流通，从而使企业或者居民使用该货币进行计价、在国际贸易中使用该货币结算以及官方和民间将该货币作为储备货币或金融资产。杨海荣和李亚波（2017）基于2001Q1—2013Q4的季度数据，结合利率平价理论、占比法和FH条件，计算了中国实际资本账户开放度，再运用经典的“货币锚”模型在面板数据基础上，分2001Q1—2009Q4与2010Q1—2013Q4两个阶段，讨论了资本账户开放对人民币国际化“货币锚”地位的影响。

2.2.5 文献的进一步评述

（1）有关资本账户开放影响因素的文献。通过上文对资本账户开放影响因素文献的梳理，我们可以发现，国内已有部分学者分析了资本账户开放国国内经济金融初始条件发展状况对资本账户开放的影响，并得出一些有益的研究结论。但这些文献也存在着不足之处，这些文献在对研究样本进行划分时，并没有按照一定规范进行统计分析，而是采用定性的方式，该类方法过于主观和随意，容易对研究结果造成较大的偏误。此外，一些文献采用了定性研究方法对资本账户开放的影响因素进行分析，但在实证分析过程中常常会出现研究样本选取过少、样本时间期限较短甚至是利用横截面数据进行实证分析等问题，从而导致实证分析结论代表性不强，或者是较难反映出开放国国内经济金融初始条件发展状况对资本账户开放影响的长期动态机制。此外，通过文献梳理本书还发现，大多数文献均只关注金融发展、制度质量、对外贸易开放程度等某一条件单一异质性的作用机制，忽略了开放国实施资本账户开放决策时面对的是一系列初始条件这一典型事实。有鉴于此，本书在对资本账户开放的条件展开研究时，综合评估和考察了一系列初始条件异质性对资本账户开放效果的影响，对区分和估计各类初始条件的重要性和门槛水平具有非常重要的意义。同时，本书将综合考量资本账户开放的增长效应和风险效应，在考虑一系列初始条件门槛效应的影响机制下，提出在资本账户开放综合效应最大化的目标和原则下，一国政府当局应采用一套动态优化管理机制实施资本账户开放决策，其中，重点关注并实时评估各经济金融初始条件的成熟度，择机安排最为合理的资本账户开放次序和尺度。

（2）有关讨论资本账户开放时机选择问题的文献。通过上文可知，已有文献中关于资本账户“何时开放”问题的探讨大多以定性分析为主，研究方法过于主观和随意，从而影响研究结论的准确性，本书将在资本账户开放综合效应门槛回归模型实证分析的基础上，构建资本账户开放条件成熟度模型，运用定量分析的方法，更加准确和科学地解决资本账户开放时机选择问题。同时，现有文献对资本账户开放次序方面大多关注“国内金融改革与资本账户开放孰先孰后”的问题，而较少关注资本账户内部各子领域之间开放的先后问题。本书将通过对资本账户各子领域开放条件成熟度的判断，尝试性地解决资本账户内部各子领域间的开放次序问题，为中国有序推进资本账户开放提供理论基础。

（3）有关资本账户开放的跨境资本流动效应分析的文献。现有文献对跨境资本流动问题的探讨大多针对单一国家或同一类别的经济体，而鲜有文献对不同类别国家的资本账户开放与跨境资本流动的关系展开比较研究。同时，现有文献对跨境资本流动问题的研究大多基于线性框架，假设资本账户开放与跨境资本流动规模之间的关系是固定不变的。为此，本书在相关研究基础上进行有益的补充，尝试性地在非线性框架下研究资本账户开放与跨境资本流动之间的关系：一是结合金融发展水平，运用面板平滑转换回归模型分析跨境资本账户开放与跨境资本流动之间的非线性关系的渐进演变；二是比较和分析新兴经济体与发达经济体资本账户开放的跨境资本流动效应的差异。

（4）有关资本账户开放的人民币国际化效应的文献。通过上文对已有的探讨资本账户开放的人民币国际化效应问题的文献的梳理，我们可以发现大多数文献对资本账户开放的人民币国际化效应的分析都是基于定性研究，而鲜有文献采用定量分析方法来研究资本账户开放的人民币国际化效应。为弥补这一缺憾，本书在理论分析的基础上，借鉴货币国际化经典模型——“货币锚”模型，定量分析资本账户开放的人民币国际化效应。此外，本书在实证分析的样本选择上摒弃了以往文献中的人民币国际化路径遵循地理拓展的模式，即先周边、再亚洲、最后全球化的路径，提出人民币国际化应以货币职能拓展的方式推进，进而选择能够以较低成本承受人民币国际货币职能的地区作为样本，为人民币国际化的路径选择提供了新思路。

2.3 本章小结

本章先对资本账户和资本账户开放进行概念界定，提出资本账户开放是一个较为宏观的概念，包含两层含义：一方面是对相关货币汇兑管制的开放，另一方面是对跨境资本交易限制的放松。之后，本章从条件、时机、跨境资本流动效应和人民币国际化效应四个方面对现有资本账户开放的相关文献进行归纳和梳理，在此基础上，总结出现有文献的不足。

3 中国资本账户开放的发展历程和测算

随着金融体制改革的深化，资本账户的开放问题逐渐成为热点议题。目前，中国正处于形成全面开放新格局的关键期，深化金融领域的开放与改革不仅是促进开放型经济新体制建设的动力源泉，也是中国经济持续健康发展的基础保障。资本账户开放作为资金高效、自由流动的前提，是中国金融领域深化改革的重中之重。对资本项目开放程度进行量化和测度，不仅有助于一国更好地把握资本市场的开放状况，认识本国资本项目开放所处的阶段，还有利于其把握资本账户开放的未来方向。

本章首先回顾中国资本账户开放各阶段的历史进程，并进一步分析其背后更深层次的行为逻辑；其次，采用定量研究方法，在梳理几种资本账户开放的衡量指标的基础上，从法定层面和事实层面对中国资本账户开放程度进行测量；最后，基于量化结果对中国现阶段的资本账户开放状况进行分析。

3.1 中国资本账户开放的发展历程

3.1.1 中国资本账户开放的历程回顾

中国资本账户在曲折中逐步实现开放。中华人民共和国在成立初期还处于社会主义探索阶段，严重缺乏外汇资金，在计划经济体制下，我国货币政府当局实施严格的资本账户管制，中国资本账户也在近 30 年中处于完全封闭的状态。直至 1978 年，中国大力推进改革开放，资本账户才随之逐步开放。可以说，中国资本账户开放的发展历程是与改革开放的历程密切相关的（白晓燕等，2008）。本书将资本账户开放的发展历程划分为如下四个阶段：

1. 资本账户的封闭阶段（1978 年以前）

20 世纪 70 年代以前，中国政府对外汇的管理和对外贸易的管制非常严格，主要体现在两个方面：一是人民币汇率由国家统一规定，二是央行直接负责外汇资金的管理和业务。在这种制度下，中国基本上不向外借债，同时也不进行对外直接投资，对资本账户严格管制。此时的资本账户既无流入也无流出，处于完全封闭的状态，这一状态直到 20 世纪 70 年代末才逐渐改善。

2. 资本账户的逐步推进阶段（1979—2001 年）

1978 年年底，中国开始实行改革开放。中国政府逐渐意识到资本流动的重要性，开始放松对资本账户的管制，这不仅吸引了外商投资，也促进了中国企业的对外直接投资。这一时期，中国实行的汇率制度也发生了重大变化，打破了改革开放之前所实行的统一管制汇率制度，实行外汇留成制度，对中国境内居民的外汇管理以及外汇兑换的管理逐渐开放，但是对资本账户的管制仍然较为严格。

1993 年中国共产党第十四届三中全会胜利召开，通过了《中共中央关于建立社会主义市场经济体制若干问题的决定》，这为中国资本账户开放指明了方向。根据该决定，中国开始在外汇管理上实施重大变革，其中包括实行以市场供求为基础的、单一的、有管理的浮动汇率制度，在成立外汇交易中心的基础上建立规范统一的外汇市场，等等。此后，中国政府又取消了经常项目下的国际支付和转移的限制措施和对其他经常项目的汇兑管制，进一步实现了人民币在经常项目的完全可兑换。这一时期中国对外投资和资本流动都处于较为繁荣和发展的阶段，直至 1997 年亚洲范围内的金融危机爆发。中国政府为了应对资本外逃和人民币贬值对经济造成的冲击，开始采取措施加强对资本流动的限制，使得资本账户开放出现一段时间的停滞。

3. 资本账户的加速开放阶段（2002—2007 年）

20 世纪 90 年代末的金融危机使得中国政府当局放缓了资本账户开放的步伐。直到 2001 年年底，中国加入世贸组织（WTO），中国的资本账户开放才又重新开始发展，并逐渐步入加速期。在经济全球化局势的推动下，中国政府为了促进资本账户开放，提高行政效率，出台了一系列有效措施。2002 年，国家外汇管理局发布了《合格境外机构投资者境内证券投资外汇管理暂行规定》公告，提出从当年 12 月开始实施“合格境外机构投资人”（QFII）制度安排。2003 年，党的十六届三中全会上通过的《中共中央关于完善社会主义市场经济体制若干问题的决定》指出，“在有效防范风险前提下，有选择、分步骤放宽对跨境资本交易活动的限制，逐步实现资本项目可兑换”。随后我国政府不断加速资本账户的改革步伐，包括完善外债管理、资本市场和货币市场启用合格境内机构投资者（QDII）和合格境外机构投资者（QFII）的投资限制管理模式和放开境外投资管理保险资金的制度管制。

4. 资本账户的深化改革阶段（2008 年至今）

2008 年由美国次贷危机引发的全球范围内的金融危机，对世界经济格局和社会发展都造成了巨大的冲击，中国经济也在一定程度上受到了影响。中国政府在资本账户开放方面推出两方面重要举措：一是抓住发达国家由于经济危机而导致资产估值偏低的机会，推动中国企业“走出去”，开展大规模对外直接投资；二是努力推动人民币国际化，扩大人民币在国际范围内的使用。这两项举措不仅提高了中国企业在国际上的竞争力，同时促进了国内金融市场改革，在引入国际资金的同时也提升了中国国内实体经济的金融支持效率。

2012 年以来，中国经济已经进入深化改革的新时期，随着经济发展结构的不断调整，资本账户开放也进入了深化改革时期。2013 年国家外汇管理局和证监会进一步简化了 QFII 的审批程序。2013 年 7 月，国务院常务会议上通过了《中国（上海）自由贸易试验区总体方案》，其中涉及外商投资改革以及对资本账户开放的相关问题。2016 年，党中央、国务院决定在重庆市、四川省、陕西省等设立 7 个自贸试验区。2018 年十九次全国人民代表大会也指出，加强自贸区的建设，为资本账户的进一步开放奠定了坚实的基础。

3.1.2 中国资本账户开放背后的行为逻辑及其转变

如前所述，中国资本账户的开放经历了漫长而又曲折的过程，从改革开放前的完全封闭状态到如今的深化改革，在这一过程中取得了卓越的成效。中国资本账户的开放，因受金融危机影响，也曾几度停滞，其中最为明显的是 2008 年的金融危机（张宇燕，2008；张宇燕，2010；游宇，2016）。2008 年金融危机之前，中国政府的资本账户开放一直坚持渐进、审慎和可控的开放道路。2008 年全球金融危机的爆发不仅使各国经济金融受到重创，同时也使各国对资本账户开放的态度产生了转变。危机中，资本账户开放程度较低且对跨境资本流动进行管制的国家受到危机的影响反而较小。2012 年以来，中国学术界对资本账户开放问题也一直存在争议。当前政府当局考虑到中国经济还处于比较复杂的国内外形势之中，但依然选择继续加大资本账户的对外开放力度，其背后的行为逻辑值得我们深思。

1. 金融危机前的资本账户行为逻辑分析

2008 年全球金融危机爆发之前，中国选择开放资本账户主要是秉持中国渐进式改革的总体策略，其内在原因是配合中国出口导向的发展策略和积累外汇储备资产等。下面从四个角度对这一时期资本账户开放的行为逻辑进行详细分析。

(1) 坚持渐进式改革的总体策略。

改革开放后中国坚持渐进式的开放发展道路，这是由中国这一时期的基本国情和中国特色社会主义道路决定的。中国只有进行不间断的、持续的、有效的改革，正确处理好改革、稳定与发展之间的关系，才能保证国家的健康稳定发展。渐进式改革的宗旨是"试错+推广"的模式，探索改革发展的最优模式，同时尽可能地减少由改革变动造成的负面影响。资本账户改革作为改革开放的一部分，同样具备这一时期改革开放渐进式发展的特征，由原本的完全封闭状态逐渐放开，中国开始了国际资本的融通和与国际经济金融的交融。由于资本账户属于不确定性比较大的项目，需要多种制度配套实施，这一特征更加决定了资本账户开放需采取渐进的方式。

(2) 配合中国出口导向的发展策略。

出口导向贸易战略又称出口促进贸易战略，是指发展中国家政府实施鼓励加工业产品出口，改善以原始初级产品出口为主的状况，通过调整产业结构，提高国外投资收入，进而推动国内经济发展的战略。20 世纪 60 年代末，"亚洲四小龙"通过实施出口导向的贸易战略，在短时期内实现了经济上的巨大飞跃。借鉴其发展经验，中国也开始实施出口导向战略，通过引进市场调节机制，解除多项保护主义经济政策，以贸易出口带动经济的飞跃式发展。在此基础上，中国政府加强外向型加工业的发展，增大工业制成品出口量，加快经济工业化的进程。在鼓励出口的同时，中国大量引进海外的技术、资产以及进口原料，弥补中国在资本流动和原材料上的不足。这些举措都在一定程度上促进了中国资本账户的开放，如中国政府开放了对 FDI（外国直接投资）的限制，并实行减免所得税、土地补贴等财政措施与之相匹配。

(3) 积累外汇储备资产。

在发展中国家中，中国外汇储备的增长速度比较迅猛。1996 年年底，中国外汇储备为 1 000 亿美元左右。1997 年亚洲金融危机的爆发使中国处于举步维艰的状态，只能通过增加外汇储备来保障自身金融安全。

20 世纪 70 年代末到 21 世纪初，中国政府持续对资本账户进行开放，采取先开放资本流入、再放开资本流出的相关措施，使得外汇储备不断增加。中国外汇储备的增长速度比较迅猛，2007 年年底上升至 1.53 万亿美元，相较于 1996 年增长了 8.6 倍。中国目前已经超越日本成为全球最大的外汇储备持有国。

（4）吸取其他国家开放资本账户的经验教训。

金融危机的爆发常常与国际资本的管制有着较为紧密的联系。金融危机爆发的普遍原因是对资本账户管制的减少以及顺应周期的宏观经济政策。20世纪80年代的拉丁美洲债务危机以及1997年的亚洲金融危机都是对资本账户的管制不当引起的。所以中国政府要借鉴其他国家的经验，谨慎选择资本账户开放的策略，综合考虑中国国内金融市场不健全和金融制度仍处于脆弱阶段的基本国情。

2. 金融危机后的资本账户行为逻辑分析

2008年金融危机的爆发对中国经济产生了较大冲击。中国政府当局虽然仍继续选择加大资本账户开放进程，但其背后的行为逻辑较危机之前发生了一些转变。具体来说，可以将这一时期中国资本账户开放的行为逻辑总结为以下几个方面：

（1）促进国内结构性改革。

改革开放后，中国渐进式改革已经实施了40多年，其弊端开始逐渐显现。渐进式改革对生产关系的调整是在不触及既得利益集团的经济利益的前提下进行的。随着改革的不断深化，为了保证社会的持续发展，进一步的改革就必须在制度层面加大力度。此时，无论如何都无法避免给既得利益集团造成损失，这使得改革面临较大的压力。正因如此，如果不改变这一局面，中国更深层次的改革将会成为一种零和博弈，社会中也可能会出现尖锐对立的形势，形成不稳定因素。因此，中国有必要改变这种现状，而开放资本账户就是最佳选择之一。它不仅可以引入外部竞争，同时也可以促进国内结构性改革，改变改革措施中存在的不利因素。

（2）加快产业结构升级。

改革开放后中国经济发生了翻天覆地的变化，是经济史上的一个奇迹。中国从“一穷二白”发展至今，原本以廉价劳动力、环境、能源等资源为主的禀赋型产业不再是中国在全球经济中的竞争优势，要形成新的国际竞争优势就必须对当前的产业结构进行调整。中国需要从以劳动密集型产业为主向以技术密集型和高附加值资本型产业为主转型，同时借鉴海外经验，扩大海外投资，通过海外并购掌握学习国外先进技术和管理经验。因此为了促进中国企业“走出去”，中国就需要放松对企业海外投资的各种限制，拓宽投资渠道，促进资本流动。

（3）外汇储备保值。

外汇储备是既可以弥补国际收支赤字，也可以维持汇率稳定的一种重要手段。中国的外汇储备从2000年起出现快速稳定增长的趋势，截至2006年2月底已经高达8 537亿美元，超过日本成为最大的外汇储备持有国。中国外汇储备主要用于投资发达国家政府债券，如美国、英国、日本等。在这种情势下，外汇储备的保值增值问题便成为央行面临的一大重要挑战。2008年全球金融危机后，美国、英国等发达国家将国内的利率持续下调，实施以量化宽松为主的货币政策，这对中国的货币保值造成极大的威胁。为提高外汇储备的收益率，中国政府改变过去“宽进严出”的思路，放松对资本流出的限制，从而通过增加对外投资维持外汇储备的市场价值。

（4）推进人民币国际化。

经济危机爆发对全球各国家产生了重大影响，特别是欧美发达国家的经济都出现了较大程度的下滑。中国作为发展中国家，经济在政府采取了相关救济措施后保持增长，使中国在之后的国际经济发展中处于有利地位，人民币在全球范围内的影响力也在逐渐增强。但是要使人民币走向国际化，成为国际范围内的结算货币，就要加强资本账户的开放。中国政府可以通过对外贸易投资向境外输出人民币，同时也可以通过开放国内债券、股票和证券等金融市场，吸引海外人民币资金流入，通过资本账户开放解决中国当前货币地位与经济地位不匹配的问题，推动人民币国际化。

3.2 中国资本账户开放程度的测算

3.2.1 法定层面的测算方法

在选取法定层面的测算方法计算资本账户的开放程度时，本书采用Chinn和Schindler的研究方法。根据Chinn的计算理论，资本账户开放度指标越接近1，则说明开放程度越高。用此方法计算出的数据表明我国1993—2013年的资本账户开放度为0.163 9左右，说明我国的资本账户开放度比较低，也没有发生太大的变化。这一点与事实不符。

Schindler的计算指标是用接近1的数值表示完全封闭的资本账户。根据计算结果，2001年以来我国的资本账户开放度几乎为封闭状态，2013年略有改善。基于这种情况用法定层面的测算方法计算的结果无法分析资本账户开放程度对人民币“货币锚”的影响，同时该方法也具有极大程度的主观性，故而本书使用事实层面的测算方法。

3.2.2 事实层面的测算方法

本书主要使用三种方法对资本开放度在事实层面进行测算，分别是利率平价理论、占比法和储蓄-投资相关性的测量。

1. 基于利率平价理论测量

Edwards 和 Khan 于 1985 年在对半开放的发展中国家的研究基础上建立了基于利率平价理论的测量方法。Haque 和 Montiel 在 1990 年又在发展中国家的层面上进行了完善。该理论认为，对于只有部分开放资本账户的国家，利率市场出清为完全封闭和完全开放的国际市场利率的平均值，用公式可以表示为

$$i = \varphi i^{*} + (1 - \varphi) i' \quad (0 \leqslant \varphi \leqslant 1) \tag{3.1}$$

式中，i 表示部分开放资本账户国家的市场出清利率；φ 表示资本账户开放度；i^{*} 表示国际市场利率；i' 表示完全封闭状况下的国际市场利率。当结果为 1 时表示资本账户完全开放。从货币的供给和需求的均衡角度可以计算资本账户的开放程度，如下式所示：

$$M = R + D \tag{3.2}$$

式中，R 表示国内外汇储备折算成本币的数量；D 表示国内其他货币的流通数量；M 表示国内货币供给量。因为变量具有滞后性，可以将外汇储备滞后一期，如下式所示：

$$M = R_{-1} + D + CA + KA_{G} + KA_{P} \tag{3.3}$$

式中，CA 表示经常账户，KA_{G} 表示公共资本账户，KA_{P} 表示私人资本账户。当资本账户封闭时，货币供给量应去掉私人资本账户流通数量，所以式（3.3）可以表示为

$$M' = R_{-1} + D + CA + KA_{G} \tag{3.4}$$

也就是

$$M' = M - KA_{P} \tag{3.5}$$

对于货币需求函数，本书在 Bahmani-Oskooee 和项后军等的研究基础上，考虑卡甘效应，使用弗里德曼的货币需求函数提出中国货币需求函数，如下式所示：

$$\ln\left(\frac{M_{it}}{P_{t}}\right) = \alpha_{ko} + \alpha_{k1}R_{t} + \alpha_{k2}\ln\left(\frac{Y_{t}}{P_{t}}\right) + \alpha_{k3}\ln\mathrm{SPI}_{t} + \alpha_{k4}\ln\left(\frac{M_{1t}}{P_{t}}\right)_{-1} + \varepsilon_{t} \tag{3.6}$$

式中，M_{it} 表示第 t 期狭义货币需求，P_{t} 表示价格水平，Y_{t} 表示国民收入，R_{t} 表示一年期贷款利率，SPI_{t} 代表第 t 期股票交易价格指数，ε_{t} 代表随机误差项。市场

出清时，货币供求处于均衡状态，代入式（3.6），同时结合式（3.5）可以得到封闭条件下的利率，即下面的公式：

$$i'_{1t} = -\frac{\alpha_{10}}{\alpha_{11}} - \frac{\alpha_{12}}{\alpha_{11}}\ln\left(\frac{Y_t}{P_t}\right) - \frac{\alpha_{13}}{\alpha_{11}}\ln SPI_t + \frac{1}{\alpha_{11}}\ln\left(\frac{M_{1t}}{P_t}\right) - \frac{\alpha_{14}}{\alpha_{11}}\ln\left(\frac{M_{1t}}{P_t}\right)_{-1} + \varepsilon_t \quad (3.7)$$

上式是国内狭义货币在封闭条件下的市场利率，但是因为国内还没有实现市场化利率，所以将上式代入式（3.1），再代入式（3.6），得到下面的公式：

$$\ln\left(\frac{M_{1t}}{P_t}\right) = \Pi_{10} + \Pi_{11}i_t^* + \Pi_{12}\ln\left(\frac{M_{1t}'}{P_t}\right) + \Pi_{13}\ln\left(\frac{Y_t}{P_t}\right) + \Pi_{14}\ln SPI_t + \Pi_{15}\ln\left(\frac{M_{1t}}{P_t}\right)_{-1} + \varepsilon_t \quad (3.8)$$

其中，$\Pi_{10} = -\alpha_{10}(1-\varphi)$，$\Pi_{11} = \alpha_{11}\varphi < 0$，$\Pi_{12} = 1-\varphi$，$0 \leqslant \Pi_{12} \leqslant 1$，$\Pi_{13} = \alpha_{12}\varphi > 0$，$\Pi_{14} = \alpha_{13}\varphi > 0$，$\Pi_{15} = \alpha_{14}\varphi > 0$。

对式（3.8）进行回归，可得到中国实际资本账户开放度。式（3.9）中的 M'_{1t} 是用 M_{1t} 减去直接投资、证券投资和其他资本项目得到的。然后对式（3.8）中 φ 建立变参数状态空间模型。量测方程和空间方程如下式所示：

$$\ln\left(\frac{M_{1t}}{P_t}\right) = -\alpha_{10}(1-\varphi) + \alpha_{11}\varphi i_t^* + (1-\varphi)\ln\left(\frac{M'_{1t}}{P_t}\right) + \alpha_{12}\varphi\ln\left(\frac{Y_t}{P_t}\right) + \alpha_{13}\varphi\ln SPI_t + \alpha_{14}\varphi\ln\left(\frac{M_{1t}}{P_t}\right)_{-1} + \varepsilon_t \quad (3.9)$$

$$\varphi_t = \alpha + \beta\varphi_{t-1} + e_t$$

本书在进行计算时，采用的数据来源于中国国家统计局与社会发展统计数据库和国家外汇管理局在线数据库。本书在使用 X12 的方法进行调整后进行平稳性检验，得到 φ，将该计算结果记为 $KAOPEN_1$，计算结果如图 3-1 所示。

2. 占比法测量

占比法是基于实际资本规模测度法建立起来的。1998 年 Kraay 用跨境投资规模和 GDP 的比值衡量一个国家的资本发展规模，从而进一步测算该国资本项目的开放程度。Lane 和 Milesi · Ferretti 在 Kraay 的基础上发展了占比法，用实际资本占 GDP 的比重进行计算。

$$KAOPEN_2 = \left|\frac{\text{资本流动总量}}{GDP}\right| \quad (3.10)$$

其中，资本流动总量是不包含黄金的外汇储备的变动量减去经常账户差额的数值。$KAOPEN_2$ 越接近 1，资本开放度越高，计算结果如图 3-1 所示。

3. 储蓄-投资相关性（F-H 条件）测量

Feldstein 和 Horika 在 1980 年提出可以通过验证储蓄和投资之间的相关性判断一国资本的真实情况，也称为 F-H 条件。该想法也为测量资本账户开放度提供了一种思路。基于 F-H 条件，资本账户开放由下面式子中的 λ 决定：

$$(I/Y)_i = \kappa + \lambda (S/Y)_i + \mu_i,\ 0 \leqslant \lambda \leqslant 1 \qquad (3.11)$$

式中，I/Y 表示投资率，即投资占总收入的比率。S/Y 为储蓄率，表示储蓄保持系数，值越接近 1，资本账户开放度越低。为了衡量不同时期 λ 的变化，建立状态方程如下：

$$\lambda_t = \eta + \varphi\lambda_{t-1} + e_t \qquad (3.12)$$

量测方程（3.11）和状态方程（3.12）构成了变参数状态空间模型，状态方程描述状态变量储蓄账户的生成过程。数据采用中国经济网的季度数据。由于 S 的季度数据无法得到，我们可以通过宏观经济恒等式进行推导：

$$\text{GDP} = C + I + \text{EX} \qquad (3.13)$$

$$\text{经常账户差额} = \text{EX} + \text{来自国外的净收益} + \text{来自国外的净转移收入} \qquad (3.14)$$

$$\text{国民可支配收入} = \text{GDP} + \text{来自国外的净收益} + \text{来自国外的净转移收入} \qquad (3.15)$$

将上面的公式进行移项和整合，可以得到：

$$S = \text{经常账户余额} + I \qquad (3.16)$$

在进行相关计算后，需要对数据进行平稳性检验，通过 PP 检验和 ADF 检验，在显著性水平为 5% 时，式（3.11）取对数后为平稳时间序列。用 KAOPEN 3 表示资本开放度，计算结果如图 3-1 所示。

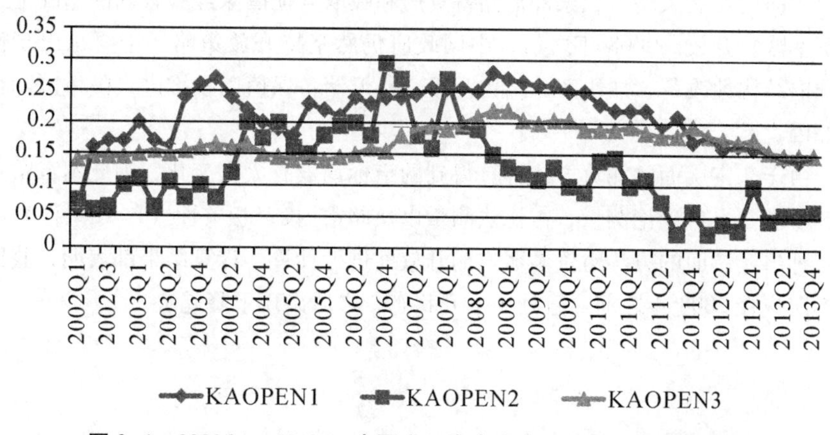

图 3-1　2002Q1—2013Q4 中国实际资本账户开放度计算结果趋势

3.2.3 测度结果分析

本书使用2002年第一季度到2013年第四季度的数据，用三种事实层面的计算方法对中国资本账户的开放程度进行计算。由图3-1可以看出，$KAOPEN_1$、$KAOPEN_2$和$KAOPEN_3$三者的走势大致相同。

$KAOPEN_1$从2002年开始处于上升的状态，到2004年达到0.25以上，之后出现了一个明显下降的趋势，2005年开始回升，一直在波动中上升；2008年之后开始缓慢下降，直至2013年年底达到0.15左右。$KAOPEN_2$是三条曲线中波动最大的一条，从2002年开始在较大的波动中上升，2007年年初达到顶峰的状态，值为0.3，之后就开始下降，到2013年略有回升，达到0.05左右。与之相反，$KAOPEN_3$是三条曲线中最为平缓的一条，同样以2008年为分水岭，2008年之前该曲线整体呈上升趋势，2008年开始下降。这三条曲线同时说明了2008年金融危机对中国产生的影响。全球范围内的经济危机使我国的经济和社会发展产生了较大程度的波动，资本项目的开放度也随之降低。

3.3 本章小结

本章的研究将中国资本账户开放分为四个阶段：1949—1978年的封闭阶段，1979—2001年的逐步推进阶段，2002—2007年的加速开放阶段，2008年至今的深化改革阶段。2008年金融危机是我国资本账户开放过程中的一个转折点。在经济危机之前，中国政府主要是在渐进式改革的总体策略，配合中国出口导向的发展策略，积累外汇储备资产和吸取其他国家经验教训的基础上选择资本账户开放。2008年之后，中国政府仍然坚持开放策略，主要是出于促进国内结构性改革、加快产业结构升级、外汇储备保值以及推进人民币国际化的原因。

由于法定层面的测算方法计算得到的指标均没有太大变化，因此本章重点用基于利率平价理论测量、占比法测量以及储蓄-投资相关性（F-H条件）测量三种事实层面的方法对资本账户的开放度进行计算。计算结果都表明，我国资本账户在2008年之前一直处于上升状态，之后出现下降趋势。

4 资本账户开放的条件分析

本章通过构建资本账户开放综合效应门槛回归模型，对多个发达国家和新兴经济体 2002—2013 年的面板数据进行研究，考察资本账户开放的经济增长效应和金融风险效应受到的一系列初始条件的影响；在资本账户开放综合效应最大化的目标和原则下，估算出各初始条件对资本账户开放综合效应造成不同影响的门槛值和区间范围。此外，结合各国开放实践经验，本章更深一步细化研究对象，针对资本账户各子领域开放问题展开研究，通过考察初始条件对资本账户各子领域开放的综合影响，估算出各初始条件对资本账户不同子领域开放综合效应造成不同影响的门槛值和区间，为各国推进资本账户有序开放提供重要的参考。

4.1 研究问题

资本账户开放是一国开放型经济建设的重要组成部分，在各国资本账户开放实践中，发达国家获得了经济增长而新兴经济体却遭受了不同程度的经济动荡，甚至是金融风险和金融危机（Edwards，2001；Ito，2004；余永定，2014）。发达国家和新兴经济体资本账户开放效果的巨大差异令学者们不得不重新审视资本账户开放与经济增长、金融风险等变量之间的内在关系。他们认为开放国初始条件的差异是引起各国资本账户开放效果不同的重要因素，并从理论和经验研究的角度证实了开放国初始条件对资本账户开放的综合收益存在影响，且这种影响是较为显著的。更进一步地，部分学者还发现初始条件对资本账户开放效果的影响并非线性，而是存在着明显的“门槛效应”，即只有开放国初始条件达到一定的水平，一国才能在资本账户开放过程中实现经济增长或降低金融风险（Chinn et al.，2003；雷达 等，2007；雷达 等，2008；郭碧霞 等，2016）。

可以看出，在资本账户开放综合效应最大化的原则和目标下，一国实施资本账户开放的行为并不是主观和随意的行为，而是需要在满足一系列初始条件的前提下展开和推进的理性行为①。但现有相关研究大多采用定性的研究方法，对一国是否满足初始条件进行评判和分析；或者仅从定量分析的角度，关注宏观经济层面和政治环境层面等一系列初始条件中的单一因素与资本账户开放的经济增长或金融风险中的单一方面之间的关系。结合国际经验来看，资本账户开放效果是经济增长和金融风险的综合效应的结果，同时，对资本账户开放效果造成影响的初始条件是包含宏观经济层面和政治环境层面等多方面的一个条件集合。在此背景下，为确定不同阶段资本账户开放的适当水平和尺度，有必要在规范、标准的统计分析框架下，综合评估和考察一系列初始条件对资本账户开放综合效应的影响，以区分和估计各类初始条件的重要性和门槛水平。为此，本章构建资本账户开放综合效应门槛回归模型，在非线性的框架下综合考量在一系列初始条件下，资本账户开放的增长效应和金融风险效应受到的影响，进一步估计出各初始条件对资本账户开放综合效应造成不同影响效用的门槛值和区间。

此外，考虑到现实实践中各国资本账户开放既包含开放程度较高的整体开放，也包含资本账户各子领域不同程度的开放，本章进一步细化研究对象，针对资本账户各子领域开放问题展开研究，考察初始条件对资本账户各子领域开放的综合影响。本章通过将资本账户各子领域开放变量作为资本账户开放变量的代理变量纳入门槛回归模型，估算出各初始条件对资本账户不同子领域开放综合效应造成不同影响的门槛值和区间，为各国依据自身初始条件分阶段有序推进资本账户开放提供重要的参考。

---

① 资本账户开放的目标是通过实施合理的开放政策使资本账户开放综合效应达到最大化，其中综合效应是指开放收益和成本的对比。广义上说，资本账户开放收益是开放后通过资本流入、促进金融发展、宏观经济政策更有纪律性以及降低经济增长的波动性等方面给本国经济带来收益（Tornell et al.，2004；Bonfiglioli，2008；Shehzad et al.，2009；Schmukler，2004；Baier et al.，2013）；而资本账户开放成本主要包括开放后增加国内经济金融脆弱性、提高跨国经济金融风险传染概率、导致经济金融危机爆发等带来的损失（Krugman，1991；Rotemberg，1991；Grupta et al.，2014；Ocampo，2015；Shen et al.，2015）。从狭义上说，资本账户开放收益就是实现经济增长，成本就是引发金融危机。为便于本章之后实证模型中数据的选取，本书从狭义的角度来定义资本账户开放综合效应中的收益与成本。

4.2 理论假说的提出

初始条件在经济学研究中的作用越来越受重视。新制度经济学和演进经济学在批判新古典经济学静态均衡概念时认为，初始条件从根本上影响并决定制度演化方向，同时初始条件的差异会造成各国经济增长状况的不同（哈勒根等，1999）。依据新制度经济学中的“路径依赖”理论（又称“滞后理论”，the theory of hysteresis），当政策框架发生变动时，由于滞后效应的存在，这种变动会受到政策效果的抵制，而这种抵制效应取决于初始条件。可以说，初始条件既是前一时期一国政治经济发展的结果，也是该国下一时期政治经济发展的条件。

资本账户开放是一国金融市场融入全球金融体系的重要方式和途径。当一国政府由资本管制转向资本开放时，这一政策框架的转变效果会受该国自身初始条件的影响。初始条件的成熟是推进资本账户开放的前提，一国经济发展和收入水平差异，文化、语言、种族差异，金融发展水平差异，制度质量差异，开放次序选择差异等政治经济方面的初始条件差异，都会影响到资本账户开放的综合效应（Kose et al.，2009b；Arora et al.，2013；朱冰倩 等，2015）。良好的宏观经济条件是资本账户开放的基础，而配套的政治环境保证了资本账户开放的可持续性。借鉴前人研究，本书重点关注并研究一国宏观经济和政治环境两个层面的四个方面初始条件对资本账户开放综合效应的影响，具体如下：

第一，金融发展的初始条件。一国金融发展程度越高，资本账户开放后就越有能力将流入的境外资本进行有效分配，并投资于竞争优势更加明显的项目，依托外资技术的本土企业越能够营造良好的信贷融资平台。同时，较高的金融发展程度也可以更有效地分散金融风险，从而降低开放风险（Bailliu et al.，2000；Kose et al.，2008；方显仓 等，2014）。金融发展对资本账户开放收益的影响主要基于开放国发达的金融市场和金融部门能更好地利用外来资本（Prasad et al.，2007），充分吸收流入资本溢出效应（Albuquerque et al.，2003），降低开放后经济增长波动（Acemoglu et al.，1997；张玉鹏 等，2011）以及吸引更多国际资本流入（Lane et al.，2001）。金融发展对资本账户开放成本影响的作用机制体现在境外资本流入导致贷款增加、银行脆弱性加剧（Kaminsky et al.，1999），本国资本大幅外逃（Mishkin，2006），金融监管无法适应资本结构变化（Arteta et al.，2003）。

第二，制度质量的初始条件。制度质量对资本账户开放综合效应的影响主要基于以下三个方面：首先，开放国制度质量可以提高资本收益率，降低交易成本和沉没成本（Fernandez et al.，2007；胡凯 等，2011；陆军 等，2014）。其次，对于制度质量好的国家而言，开放外部资本有利于刺激本国的投资需求，进一步与流入的外部资本产生交互作用，从而使经济加速增长（Bekaert et al.，2005；Chanda，2005）。最后，如果一国具有比较良好的信用制度、产权制度以及契约履行制度，则该国的制度质量相对会比较高，这样不仅可以减少信息不对称带来的损失，还可以减少本国企业、金融机构、跨国资本的道德风险以及逆向选择等行为，从而可以降低金融脆弱性，有效避免金融危机爆发（Gelos et al.，2005；Honig，2008）。

第三，贸易开放的初始条件。贸易开放对资本账户开放综合效应的影响主要体现在贸易开放可以降低一国受到外部冲击的程度。不管是从新古典理论、资本形成效应，还是从国际市场规模效应以及提升资源配置等方面，贸易开放对经济增长均具有明显的促进效应（Helpman et al.，1985；Rodrik，1988；Esfanhani，1991；Krueger，1998）。当对外贸易促进经济增长时，在经济下调的情况下，不同经济部门之间的就业降低程度会相对减少，同时，这也会减少对不同经济部门之间的配置资源能力的冲击，因此能够延缓那些可能对金融体系造成损害的实体经济调整（Martin et al.，2006；Eichengreen，2001）。

第四，宏观经济政策的初始条件。一国资本账户的开放依托良好的宏观经济环境，宏观经济的良好状况能使一国有效应对经济运行中的内外部冲击，从而营造出有利于资本开放的宏观经济环境。与此同时，良好的宏观经济环境也会使积极的传递信号在市场上产生，有利于稳定市场对财政政策以及货币政策的信心，进一步吸引更多的资本流入本国市场（陈志和 等，2009；邓敏 等，2013）。

可以发现，一定的初始条件对于一国资本账户开放的稳定和经济增长具有积极的效应，因此本书提出理论假说 4.1。

理论假说 4.1：初始条件对资本账户开放综合效应有影响，且具有“门槛效应”。

上述机制分析重在强调初始条件异质性会对资本账户开放的综合效应造成影响。更进一步地，学者从证券市场、直接投资市场、债务市场等角度探讨和分析了初始条件对资本账户各子领域的影响，并发现这种影响关系存在非线性特征。Bekaert、Harvey 和 Lundblad（2005）发现开放证券市场后，金融发展程度越高的国家经济增长越快。张鹏和孟宪强（2011）通过构建证券市场开放模型预测的经济增长速度明显更高。Alfaro 等（2006）认为外商直接投资的规模取决于一国的金融发展水平，当一国具有开放的金融市场、完善的金融制度时，会吸引更多的外资流入。他们的研究同时指出，相对于金融不够发达的国家，金融发达国家的对外直接投资更加有利于该国经济的增长。钟娟和张庆亮（2010）通过构建非线性模型，指出 FDI 的发展存在一个临界值，而金融发展有利于突破这一临界值，他们进一步估计出了金融发展对 FDI 溢出效应的门槛值。Edison 等（2002，2003，2004）研究指出，在中等制度质量的国家中，制度质量对资本账户开放的增长作用的影响会更加明显，从而有利于外部资本的流入，进一步促进经济的增长。Klein（2005）的研究补充了这一点，指出在中等水平下，制度质量与资本账户以及经济增长之间存在正向影响关系，这表明制度质量对资本账户以及经济增长的门槛效应不同于金融发展的门槛效应，存在非线性的作用。因此本书提出理论假说 4. 2。

理论假说 4. 2：同一初始条件对资本账户各不同子领域开放的经济增长效应和金融风险效应的门槛作用的门槛值各不相同。

4. 3 基于综合效应的门槛模型设定和估计方法

本节建立资本账户开放经济增长模型和资本账户开放金融风险模型，从初始条件的角度，研究资本账户开放的经济增长效应以及金融风险效应，估计出在初始条件下，资本账户开放的收益程度以及降低风险的门槛水平。

4. 3. 1 纳入初始条件的资本账户开放综合效应模型设定

基于上一节对初始条件与资本账户开放收益和成本之间影响机制的分析，本书通过构建非线性模型，研究初始条件对各国资本账户开放效应的影响。

Hansen（2000）的研究指出，门槛模型弥补了线性模型结果解释能力不强的问题，以及统计方法过于主观的不足。本书借鉴 Hansen（2000）的研究，通过构建门槛回归模型探讨资本账户开放、初始条件和开放综合效应三者的关系。式（4. 1）和式（4. 2），给出了资本账户开放经济增长和金融风险的基准模型：

$$Y_{it} = \alpha + \beta Cal_{it} + \theta X_{it} + \xi_{it} \tag{4.1}$$

$$C_{it} = \alpha' + \beta' Cal_{it} + \theta' X_{it} + \xi'_{it} \tag{4.2}$$

$$\theta = (\theta_1,\ \theta_2,\ \theta_3,\ \theta_4)\ ;\ X_{it} = (X1_{it},\ X2_{it},\ X3_{it},\ X4_{it})$$

其中，Y_{it} 表示 i 国在第 t 年的经济增长量，是资本账户开放收益的代理指标；C_{it} 表示 i 国在第 t 年里的外汇市场压力指标，是资本账户开放成本的代理指标；Cal_{it} 表示 i 国在第 t 年里的资本账户开放程度；X_{it} 为控制变量；ξ_{it} 为误差项，满足均值为零和有限方差 σ^2 的独立同分布的随机扰动。

本书基于基准模型，引入某一初始条件指标作为门槛变量，构建资本账户开放的收益和成本单重门槛模型，具体如式（4.3）和式（4.4）所示：

$$Y_{it} = \alpha + \beta_1 Cal_{it} I(q_{it} \leqslant \gamma) + \beta_2 Cal_{it} I(q_{it} > \gamma) + \theta X_{it} + \xi_{it} \tag{4.3}$$

$$C_{it} = \alpha' + \beta'_1 Cal_{it} I(q_{it} \leqslant \gamma) + \beta'_2 Cal_{it} I(q_{it} > \gamma) + \theta' X_{it} + \xi'_{it} \tag{4.4}$$

其中，q_{it} 为门槛变量，是某一初始条件的代理指标；γ 为门槛值（TV）。在上述门槛模型中，如果 $\beta_1 \neq \beta_2 (\beta'_1 \neq \beta'_2)$，则表明该模型为有效门槛模型，即特定初始条件存在门槛作用。换言之，当特定的初始条件发生变化时，资本账户开放对应变量的解释程度也发生相应的变化。

4.3.2 样本、变量及数据说明

考虑到数据的可得性和代表性，本书借鉴张明等（2014）的研究，选取全球 52 个国家和地区作为样本，具体包括 22 个发达经济体（美国、瑞典、英国、意大利、爱尔兰、日本、德国、西班牙、新西兰、加拿大、法国、瑞士、葡萄牙、荷兰、丹麦、希腊、韩国、冰岛、以色列、新加坡、芬兰、中国香港）和 30 个新兴经济体（中国、印度、巴西、马来西亚、俄罗斯、南非、印度尼西亚、土耳其、匈牙利、菲律宾、泰国、波兰、白俄罗斯、罗马尼亚、保加利亚、挪威、乌克兰、拉脱维亚、立陶宛、马其顿、摩洛哥、墨西哥、阿根廷、智利、秘鲁、哥伦比亚、伯利兹、玻利维亚、约旦、毛里求斯）。

本书借鉴 Barro（1991，1996，2013）、Garita 和 Zhou（2009）、邓敏和蓝发钦（2013）的研究，在资本账户开放经济增长模型中，用人均国内生产总值增长率代替经济增长的变量作为模型的被解释变量，用人均教育年限、初始人均国内生产总值、平均投资率、人口增长率等作为模型的控制变量。在资本账户开放成本模型中，本书采用外汇市场压力指数（EMPI）替代开放成本的代理变量作为被解释变量；GDP 增长率、国内外利率差以及经常项目余额占 GDP 比重作为模型的控制变量。

1. 被解释变量

人均国内生产总值增长率（PGDPR）：该指标的值通过对有关经济增长的文献梳理得出，大部分的研究都是采用人均国内生产总值增长率作为经济增长的衡量指标，该指标最大的优势在于排除了人口基数对一国经济规模的影响。

同样，本书采用该指标作为经济增长的代理变量纳入资本账户开放的收益模型。本书采用经购买力平价调整后以美元计价的人均国内生产总值数据，通过对其取自然对数，然后差分得到实际人均 GDP 增长率，数据主要来源于世界银行 WDI 数据库。

外汇市场压力指数（EMPI）：资本账户开放引致跨境资本自由流动，这对本国货币的币值稳定性带来冲击，因此，本国币值的不稳定性对一国资本账户开放的风险有着十分重要的影响。借鉴 Garita 和 Zhou（2009）、程惠芳等（2016）的研究，本书构建外汇市场压力指数来量化本国币值的稳定性，并作为金融风险的代理变量纳入资本账户开放的成本模型，具体数据来源于国际货币基金组织 IFS 数据库。

$$\mathrm{EMPI}_{it} = \frac{\Delta e_{it}/e_{it}}{\sigma_e} - \frac{\Delta r_{it}/r_{it} - \Delta r_{ust}/r_{ust}}{\sigma_r}$$

其中，EMPI_{it} 表示的是外汇市场压力指数，衡量外汇市场压力，当 EMPI_{it} 大于零时，表示外汇市场存在压力，且该数值越大表明外汇市场的压力越大；e_{it} 表示的是在直接标价法下，开放国货币对美元的汇率，$\Delta e_{it}/e_{it}$ 表示的是汇率的相对变动率，正值表示开放国本币贬值，负值表示开放国本币升值；r_{it} 表示的是国际储备，$\Delta r_{it}/r_{it}$ 衡量的是开放国国际储备的相对变动率，$\Delta r_{ust}/r_{ust}$ 衡量的是美国国际储备的相对变动率，当 $\Delta r_{it}/r_{it}$ 与 $\Delta r_{ust}/r_{ust}$ 之差为正值时，意味着开放国国际储备相对增加，当 $\Delta r_{it}/r_{it}$ 与 $\Delta r_{ust}/r_{ust}$ 之差为负值时，意味着开放国国际储备相对减少。

2. 资本账户开放程度指数

根据第三章对资本账户开放程度核算方法的比较可以发现，法规指标存在划分简单、信息来源前后不一致以及难以进行跨国比较等缺点。因此，本节实证分析中采用事实法测度资本账户开放度，具体数据取自第三章的计算结果。此外，为了估计资本账户各子领域的门槛值，本书借鉴 Lane 和 Milesi-Ferretti（2001）的研究，用一国 FDI、股本证券投资资本和债务资本跨境流动总量与 GDP 的比值表示资本账户各子领域的开放度。

3. 初始条件变量

金融发展（FD）：大多数文献对金融发展的量化主要是通过广义货币占 GDP 的比重来实现的，但 Levine 等（2008）、董青马和卢满生（2010）认为对许多发达经济体而言，其证券市场和债券市场都比较发达，流动性需求者通常可以通过证券市场或债券市场获得资本，从而降低其对广义货币的需求。为更合理地量化金融发展指标，本书用样本国（地区）广义货币 M2 和股票市值之和与 GDP 的比值来衡量金融发展指数，具体数据来源于 EPS 全球宏观经济数据库。

制度质量（IQ）：国际上较有权威性的制度质量量化数据主要有世界银行发布的“全球治理指数”（WGI）和《国际国别风险指南》（ICRG）发布的“国家风险指数”。本书使用世界银行 WGI 数据库，该数据库主要包括六个具体指标以衡量制度质量：控制腐败能力（control of corruption），民众话语权（voice and accountability），政治稳定程度（political stability no violence），法治水平（rule of law），公共部门效力（government effectiveness），管制能力（regulatory quality）。本书将该六个子指标计算得到的算术平均值作为本章实证分析中制度质量的量化值。

贸易开放程度指数（TO）：贸易开放度的衡量指标为进出口贸易总额占名义 GDP 的比重（Wacziarg et al.，2008），具体数据主要来源于 EPS 全球宏观经济数据库。

宏观经济政策指标：本书采用 CPI 波动（MP）衡量货币政策情况，采用政府支持占 GDP 比重（GOV）衡量财政政策情况，采用各国外汇储备（除黄金储备）占 GDP 比重衡量外汇储备情况（RE），相关数据来源于 IMF。本书基于 Ilzetzki 等（2008）定义的法定汇率制度分类指标，将汇率制度按照汇率弹性从低到高分为 13 类。

4. 控制变量

初始人均国内生产总值（IPGDP）：本书将样本期各国人均 GDP 进行自然对数化，用来衡量初始人均国内生产总值，相关数据来源于世界银行 WDI 数据库。

人均教育年限（TY）：受教育程度的高低会影响一国人力资源的发展，故本书采用人均受教育年限来表示一国人力资源的丰裕程度。需要特别指出的是，受大量数据缺失的影响，本书采用线性趋势法来对缺失数据进行填补，具体数据来源于世界银行 WDI 数据库。

人口增长率（POP）：人口增长速度会影响到一国资本的深化，从而影响该国经济增长。同时，人口上涨会对投资效应产生影响，使得部分投资演变成新增劳动力的资本，因此，预期较高的人口增长与经济增长为负相关关系。

平均投资率（AIV）：本书选取样本期当年国内总投资占名义 GDP 的比重来量化该变量，数据来源于世界银行 WDI 数据库。

通货膨胀率（INF）：一国的通货膨胀的衡量指标采用的是该国年度消费价格指数，相关数据来源于国际货币基金组织 WEO 数据库。

经常项目余额占 GDP 比重（CA）：一国经济外部均衡状况通过该国产品和服务的净出口总额与名义 GDP 的比值进行衡量，具体数据来源于 EPS 全球宏观经济数据库。

国内外利率差（IRS）：该指标为样本国实际利率与美国实际利率之差，具体数据来源于世界银行 WDI 数据库。

4.3.3 模型参数的估计和检验

与一般线性回归模型不同的是，门槛回归模型在估计和检验等方面有两个着重点，一个是门槛值的估计问题，一个是检验是否存在门槛效应。借鉴 Hansen（1999）的方法，本书首先对式（4.3）和式（4.4）做固定效应转换，消除个体的固定效应 α 的影响，相应地，被解释变量 Y 转换为 Y^* 以及解释变量 X 转换为 X^*，那么，解释变量系数 β 的最小二乘法估计也相应地转化为

$$\widehat{\beta}(\gamma)=(X^*(\gamma)'X^*(\gamma))^{-1}X^*(\gamma)'Y^* \tag{4.5}$$

可以得到：

$$残差向量\ \widehat{\beta}^*(\gamma)=Y^*-X^*(\gamma)\widehat{\beta}(\gamma)$$

残差平方和

$$S_1(\gamma)=\widehat{\varepsilon}^*(\gamma)'\widehat{\varepsilon}^*(\gamma)=Y^{*\prime}(I-X^*(\gamma)'(X^*(\gamma)'X^*(\gamma))^{-1}X^*(\gamma)')Y^*$$

门槛值 γ 的最小二乘估计值为：$\widehat{\gamma}=\text{argmin}S_1(\gamma)$

Hansen（1999）运用格栅搜索法（grid search），得出最小残差平方并有效估计出门槛值，在此基础上，求解了解释变量系数的估计 $\widehat{\beta}=\widehat{\beta}(\widehat{\gamma})$，残差向量的估计 $\widehat{\varepsilon}^*=\widehat{\varepsilon}^*(\widehat{\gamma})$ 和残差方差的估计 $\widehat{\sigma}^2=\widehat{\varepsilon}^{*\prime}\widehat{\varepsilon}^*/(N(T-1))=S_1(\widehat{\gamma})/(N(T-1))$。

接下来，本书需要探讨门槛模型的设定是否符合实际情况，也就是从理论层面上升到实际应用层面，换言之，检验所设定的模型的门槛效应是否存在。对式（4.3）而言，门槛效应的原假设和备选假设分别为

$$H_0:\ \beta_1=\beta_2\ 和\ H_1:\ \beta_1\neq\beta_2$$

基于原假设的条件，如果存在 $\beta_1=\beta_2$，则表示门槛效应不存在，研究的模型是线性模型；如果存在 $\beta_1\neq\beta_2$，则意味着模型的门槛效应是存在的，在不同的区间范围内，系数 β_1 和 β_2 取值并不相同。基于原假设的情况，由于对模型的门槛参数不能有效估计，从统计层面可知，传统的参数检验统计量的大样本并没有服从卡方分布，而是服从有干扰参数影响的非标准分布。Hansen（2000）通过对自助抽样法（bootstrap）的研究，分析了似然比检验统计量的近似分布，同时得出在原假设成立的情况下，检验统计量的大样本服从均匀分

布。在原假设情况下，令 S_0 为残差平方和，这样可以得到不存在门槛效应的原假设的似然比检验统计量为

$$F_1 = (S_0 - S_1(\hat{\gamma})) / \hat{\sigma}^2$$

其中，$\hat{\sigma}^2$ 代表残差方差的估计值。

值得注意的是，上述对单重门槛模型估计和检验的方法同样适用于多重门槛模型，且模型的估计和检验原理均是一致的（Hansen，2000）。

4.4 实证结果与分析

本节首先在不考虑门槛效应的情况下，对资本账户开放的经济增长效应和金融风险效应做基准回归，以检验模型构建以及变量选取的合理性；其次，将各初始变量作为门槛变量纳入模型，考察各门槛因素对资本账户开放与经济增长和金融风险之间关系的影响，并估计出各初始变量的门槛值；最后，将资本账户各子领域开放程度变量作为资本账户开放程度的替代变量，纳入资本账户开放的经济增长效应和金融风险效应门槛模型，估算出资本账户各子领域开放的初始条件门槛水平，为检验资本账户各子领域的最佳开放次序奠定基础。

4.4.1 基准模型线性回归

为检验变量选取的合理性，本节首先在不考虑门槛效应的条件下，对资本账户开放的经济增长效应的基准模型进行回归，具体模型如下：

$$\mathrm{PGDPR}_{it} = \alpha + \beta Cal_{it} + \theta_1 \mathrm{IPGDP}_{it} + \theta_2 \mathrm{POP}_{it} + \theta_3 \mathrm{TY}_{it} + \theta_4 \mathrm{AIV}_{it} + \xi_{it}$$

经济增长估计结果如表 4-1 所示。从表 4-1 的估计结果可以看出，模型（1）在控制其他解释变量时，资本账户开放对经济增长存在负向的作用，且弹性系数为-0.000 5，但从表 4-1 中可知，系数统计检验并不十分显著。从控制变量的角度来分析，初始人均 GDP 系数估计值为负数，表明较低人均 GDP 的国家的经济增长率可能相对较高，同时人口增长率的系数估计值也为负数，说明人口增长率较低的国家的经济增长率也可能相对较高，进一步说，它意味着经济增长具有收敛性；而人均受教育年限和平均投资率对经济增长存在正向的作用，说明人均受教育年限和平均投资率与经济增长正相关，人力资本和实物资本是经济增长的主要动力。此外，将模型（1）中资本账户开放指数变量替换成直接投资资本、股本证券投资资本、债务资本跨境流动总量纳入模

型①，可得出相应回归结果，即表4-1中模型（2）—（4）的回归结果。从模型（2）、模型（3）和模型（4）的回归结果看，控制变量在资本账户各子领域的基准模型中也起到了较高的控制作用，直接投资类项目、股本证券类项目的开放能够促进开放国经济增长，而债券类项目的开放则会对开放国经济增长起负面影响，这与一般理论分析的结果相一致。就此而言，本书基准模型及相应变量的选取是合理的。

表4-1 经济增长模型基准线性回归结果

变量	模型（1）	模型（2）	模型（3）	模型（4）
资本账户开放指数（*Cal*）	-0.000 5 （0.000 6）			
直接投资资本		0.302 1** （0.147 7）		
股本证券投资资本			0.001 1 （0.001 4）	
债务资本跨境流动总量				-0.211 7 （0.194 2）
初始人均GDP（IPGDP）	-0.569 2*** （0.180 5）	-0.420 7* （0.247 1）	-0.771 2** （0.428 4）	-0.560 7** （0.267 2）
人口增长率（POP）	-0.715 9*** （0.163 8）	-0.809 4** （0.377 9）	-0.069 5*** （0.009 9）	-1.445 1** （0.802 2）
人均受教育年限（TY）	0.660 8*** （0.130 8）	0.441 8*** （0.029 4）	0.507 8** （0.250 3）	0.003 7 （0.007 4）
平均投资率（AIV）	0.246 1*** （0.019 2）	1.402 1*** （0.116 8）	1.113 7 （1.205 7）	0.881 7* （0.459 1）

注：*、** 和 *** 分别表示在10%、5%和1%显著性水平上通过检验。

同样地，本书在不考虑门槛效应的条件下，对资本账户开放的金融风险效应的基准模型进行回归，具体模型如下：

$$\mathrm{EMPI}_{it} = \alpha + \beta Cal_{it} + \theta_1 \mathrm{PGDPR}_{it} + \theta_2 \mathrm{CA}_{it} + \theta_3 \mathrm{IRS}_{it} + \xi_{it}$$

从表4-2的回归结果中我们可以发现，资本账户开放对金融风险有正向影响，该实证结果与前文研究结论“资本账户开放会引致金融风险”是相一致的。从控制变量的角度来分析，经济增长的回归系数为负数，说明对于经济

① 在模型（2）、模型（3）和模型（4）的实证分析中，直接投资资本的量化方法是用样本国当年外商直接投资量与对外直接投资量的总和除以名义GDP；股本证券投资资本的量化方法是用样本国当年对外证券投资额与对内证券投资额的总和除以名义GDP；债务资本跨境资本流动的量化方法是用对内债券投资额与对外债券投资额的总和除以名义GDP。

增长速度较快的国家而言，资本账户开放会降低该国爆发金融风险的可能性；同时经常项目余额占 GDP 比重的回归系数为负数，说明对于经常项目处于盈余状态的国家而言，资本账户开放也会降低该国爆发金融风险的可能性；而国内外利率差对金融风险的影响并不显著。此外，如经济增长模型一样，将直接投资资本、股本证券投资资本以及债务资本跨境流动总量作为资本账户开放的替代变量分别进行回归，考察资本账户各子领域开放与金融风险之间的关系。从表 4-2 中模型（6）—（8）的回归结果可以看出，直接投资类项目的开放可以降低开放国发生金融风险的概率，而股本证券类和债券类项目的开放则会增加开放国发生金融风险的可能性，这意味着直接投资类项目开放带来的风险较低，而其他类项目的开放给开放国经济带来的冲击会更大。金融风险基准模型的线性回归结果与前人研究所得结果以及理论分析相一致，说明本书资本账户开放的金融风险模型的设定也是合理的。

表 4-2　金融风险模型基准线性回归结果

变量	模型（5）	模型（6）	模型（7）	模型（8）
资本账户开放指数（*Cal*）	0.000 6**			
	(0.000 3)			
直接投资资本		-0.210 3**		
		(0.105 1)		
股本证券投资资本			0.010 2	
			(0.100 5)	
债务资本跨境流动总量				0.002 6*
				(0.001 6)
经济增长速度（PGDPR）	-0.061 1***	-0.531 6*	-0.080 3**	-0.651 6**
	(0.005 1)	(0.312 7)	(0.033 4)	(0.283 3)
经常项目余额占 GDP 比重（CA）	-0.015 2**	-1.610 5	-0.170 6*	-0.746 2**
	(0.000 7)	(1.789 4)	(0.094 5)	(0.324 4)
国内外利率差（IRS）	0.000 0	—	—	—
	(0.130 8)	—	—	—

注：*、** 和 *** 分别表示在 10%、5%和 1%显著性水平上通过检验。

4.4.2　加入初始条件的门槛回归

下面将从贸易开放、制度质量、金融发展和宏观经济政策等门槛因素的角度来实证研究资本账户开放程度与经济增长之间的关系。本书借鉴 Hansen（1999）的方法，首先通过单重门槛回归模型的构建，然后对模型进行 1 000

次 bootstrap 抽样，最后得到模型的具体的 F 统计量和临界值①。

在式（4.3）和式（4.4）的基础上，本书在资本账户开放的经济增长和金融风险门槛模型中引入贸易开放、制度质量、金融发展和宏观经济政策等门槛因素。具体如下：

$$\mathrm{PGDPR}_{it} = \alpha_{it} + \beta_1 \mathrm{FO}_{it} I(q_{it} \leqslant \gamma) + \beta_2 \mathrm{FO}_{it} I(q_{it} > \gamma) + \theta_1 \mathrm{IPGDP}_{it} + \theta_2 \mathrm{POP}_{it} + \theta_3 \mathrm{TY}_{it} + \theta_4 \mathrm{AIV}_{it} + \xi_{it} \tag{4.6}$$

$$\mathrm{EMPI}_{it} = \alpha_{it} + \beta_1 \mathrm{FO}_{it} I(q_{it} \leqslant \gamma) + \beta_2 \mathrm{FO}_{it} I(q_{it} > \gamma) + \theta_1 \mathrm{PGDPR}_{it} + \theta_2 \mathrm{CA}_{it} + \theta_3 \mathrm{IRS}_{it} + \xi_{it} \tag{4.7}$$

其中，FO_{it} 为资本账户开放的代理变量；$I(\bullet)$ 为模型的示性函数；q_{it} 为门槛变量，是某一初始条件的代理变量；γ 为相应初始条件的门槛值。

如表 4-3 所示，以金融发展初始条件为门槛变量，在 1%的水平上，金融发展单重门槛效应以及金融发展三重门槛效应均通过显著检验，而双重门槛效应在 5%的水平上能通过显著检验。基于对样本量的考虑，对于三重门槛模型而言，每一个样本区间子样本量仅占总样本的 8%，这样区间的样本量较少；同时，从门槛条件的作用效应来看，不论是双重门槛还是三重门槛，金融发展对资本账户开放的增长作用特征不变。基于此，本书采用双重门槛效应模型作为研究模型。

表 4-3　门槛效应检验结果

项目	F 值	P	临界值		
			90%	95%	99%
单重门槛效应	11.4	0.000 4	2.86	3.93	6.3
双重门槛效应	4.98	0.024	2.63	3.76	6.12
三重门槛效应	7.95	0.008	2.61	3.64	7.11

确定本书模型为双重门槛效应模型后，本书对门槛值进行估计，结果如表 4-4 所示，金融发展的第一门槛估计值为 114，第二门槛估计值为 220。同时，借鉴顾乃康和王贵银（2012）的方法可以得出每一门槛值 95%水平的置信区间。

① 借鉴 Hansen（1999）的研究，双重门槛和多重门槛可以从基准模型和单重门槛模型简单地推广得到，单重门槛、双重门槛、三重门槛模型的实证分析、检验原理以及门槛效应都是一样的。

表 4-4　金融发展门槛估计值结果

项目	门槛估计值	95%水平置信区间
第一门槛	114	[103.036 5，118.084 1]
第二门槛	220	[187.288 3，263.049 5]

基于金融发展双重门槛效应模型，我们可以得出资本账户开放的经济增长门槛效应的估计，具体回归结果见表 4-5。可以发现，在金融发展的作用下，资本账户开放对样本国经济增长的影响存在明显的“阶梯特征”。当金融发展指标低于门槛值 114，即开放国金融发展初始条件处在较低水平时，资本账户开放的弹性系数为-0.000 7，且并不显著，说明资本账户开放对经济增长起到抑制作用；当金融发展指标介于 114 和 220 之间，即开放国金融发展初始条件超过第一门槛而处于中等水平时，资本账户开放对经济增长的弹性系数为 0.003 2，具有正向促进作用；当金融发展指标高于 220，即开放国金融发展初始条件处于较高水平时，资本账户开放对经济增长的弹性系数为 0.012 6，约是金融发展处于中等水平的国家的 4 倍，具有更加明显的促进作用。双重门槛实证分析的结果表明，资本账户开放对经济发展起到促进作用的程度与开放国金融发展初始条件相关，在金融发展水平较低的国家开放资本账户，经济增长效应会大幅下降，甚至出现负效应；而金融发展初始条件越高的国家，开放资本账户会获得越大的经济增长效应。

此外，本书构建衡量制度质量、贸易开放度、宏观经济政策（政府支出占 GDP 比重、外汇储备占 GDP 比重、汇率制度、通货膨胀）等初始条件对资本账户开放经济增长效应的影响的双重门槛模型并对模型进行分析，具体的回归结果如表 4-5 所示。从表 4-5 中可知，在制度质量的作用下，资本账户开放对经济增长的影响呈现出“倒 U 形”门槛作用。当开放国制度质量处于较低水平时（制度质量指标低于门槛值-0.74）或较高水平时（制度质量指标高于门槛值-0.08），资本账户开放对经济增长均起到抑制作用；只有当制度质量处于中等水平时（制度质量指标位于-0.74 和-0.08 区间内），资本账户开放对经济增长才起促进作用，且弹性系数为 0.007 2。在贸易开放的门槛模型回归中我们可以发现，只有当一国贸易开放初始条件处于较低水平时（贸易开放指标低于门槛值 24），资本账户开放对经济发展才能起到促进作用，且弹性系数为 0.001 1；当一国贸易开放初始条件高于门槛值 24 且低于门槛值 97 时，资本账户开放对经济增长起抑制作用，且弹性系数为-0.004 3；当贸易初始条件高于门槛值 97 时，资本账户开放对经济增长的抑制作用会进一步增强，弹性系数达到-0.027 11。

表 4-5　引入初始条件的资本账户开放的经济增长效应门槛模型回归结果

门槛变量	金融发展	制度质量	贸易开放	宏观经济政策			
				政府支出占 GDP 比重	外汇储备占 GDP 比重	汇率制度	通货膨胀
门槛值	双重门槛 （114，220）	双重门槛 （−0.74，−0.08）	双重门槛 （24，97）	双重门槛 （11，22）	双重门槛 （5，20）	双重门槛 （2.1，13.1）	双重门槛 （9.2，14.7）
资本账户开放指数	0.012 6*** （TV>220）	−0.004 1 （TV>−0.08）	−0.027 11*** （TV>97）	0.006 7* （TV>22）	−0.001 5* （TV>20）	−0.006 1* （TV>13.1）	−0.003 5** （TV>14.7）
	0.003 2* （114≤TV≤220）	0.007 2* （−0.74≤TV≤−0.08）	−0.004 3* （24≤TV≤97）	−0.000 2 （11≤TV≤22）	0.002 2** （5≤TV≤20）	0.004 3** （2.1≤TV≤13.1）	−0.008 4** （9.3≤TV≤14.7）
	−0.000 7 （TV<114）	−0.009 2* （TV<−0.74）	0.001 1* （TV<24）	−0.004 2** （TV<11）	0.000 3 （TV<5）	0.000 6 （TV<2.1）	0.000 5 （TV<9.2）
初始人均 GDP	−0.718 4* （0.396 9）	−0.829 6** （0.341 5）	−0.807 1** （0.336 2）	−0.683 6*** （0.037 9）	−1.540 7*** （0.128 3）	−1.801 4* （0.094 8）	−2.240 1 （3.104 1）
人口增长率	−0.920 7** （0.418 5）	−1.110 7 （1.231 4）	−0.941 7*** （0.078 2）	−1.109 4*** （0.092 4）	−1.213 8** （0.527 7）	−1.334 1** （0.555 8）	−1.100 7** （0.500 4）
人均受教育年限	0.770 9 （0.550 6）	0.903 2* （0.519 0）	0.994 5*** （0.090 4）	0.666 7 （0.717 2）	0.729 4*** （0.006 4）	0.881 4*** （0.000 3）	0.610 5*** （0.001 1）
平均投资率	0.186 4* （0.103 5）	0.190 6*** （0.009 4）	0.330 4** （0.150 1）	0.165 2** （0.075 1）	0.175 3* （0.103 1）	0.119 2*** （0.000 2）	0.177 2*** （0.001 4）

注：TV 表示门槛值；括号内数值为标准差；*、** 和 *** 分别表示在 10%、5%和 1%显著性水平上通过检验。

从表 4-5 的回归结果中我们还可以发现，从宏观经济政策的门槛作用的角度来看，随着宏观经济政策的变化，其对资本账户开放的经济增长效应的影响也随之变化，良好的宏观经济政策初始条件对一国资本账户开放的经济增长效应具有较好的促进作用。政府支出方面，政府支出占 GDP 比重对资本账户开放的经济增长效应的影响具有明显的“阶梯特征”，当政府支出高于门槛值22，即政府支出占 GDP 比重处于较高水平时，资本账户开放的弹性系数为0.006 7，表明资本账户开放对经济增长具有促进作用；而政府支出占 GDP 比重处于中等水平时（处于两个门槛值 11 和 22 之间），资本账户开放对经济增长起抑制作用，弹性系数为-0.000 2；当政府支出小于门槛值 11，即政府支出占 GDP 比重处于较低水平时，资本账户开放的弹性系数为-0.004 2，表明资本账户开放对经济增长存在进一步的抑制作用。在外汇储备方面，外汇储备对资本账户开放的经济增长效应产生“倒 U 形”的影响。当外汇储备占 GDP 比重处于较低水平时（低于门槛值 5），资本账户开放对经济增长起促进作用，且弹性系数为 0.000 3；当外汇储备占 GDP 比重值处于中等水平时（介于门槛值 5 和 20 之间），资本账户开放的弹性系数增长至 0.002 2，表明资本账户开放对经济增长效应的促进作用进一步加强，是处于低水平的国家的 7 倍之多；而当外汇储备占 GDP 比重超过门槛值 20，处于较高水平时，资本账户开放对经济增长则起到抑制作用。汇率制度方面，当汇率制度指标小于 2.1，即汇率制度为固定汇率制度时，资本账户开放的弹性系数为 0.000 6，表明资本账户开放对经济增长具有促进作用；当汇率制度指标介于门槛值 2.1 和 13.1 之间，即汇率制度为中等弹性时，资本账户开放的弹性系数为 0.004 3，表明资本账户开放对经济增长具有进一步的促进作用；而当汇率制度为完全浮动汇率制度时（汇率制度指数高于 13.1），资本账户开放对经济增长起抑制作用。通货膨胀方面，当通货膨胀处于较低水平时（低于门槛值 9.2），资本账户开放对经济增长起促进作用，而当通货膨胀处于中等水平或者较高水平时，资本账户开放对经济增长均起到抑制作用。

通过对各初始条件异质性对资本账户开放的经济增长效应的影响结果进行分析可知，当金融发展、制度质量、贸易开放以及宏观经济政策等初始条件满足一定的门槛条件，即处在一定的门槛值区域内时，资本账户开放对经济增长的促进作用会更加显著。为此，我们在探讨资本账户“要不要开放”“何时开放”等问题时，离不开对开放国初始条件的讨论。

接下来，本书将进一步考虑初始条件异质性对资本账户开放成本效应的影响，研究金融发展、制度质量、贸易开放以及宏观经济政策等初始条件对资本账户开放与开放国金融风险的影响机理，具体回归结果如表 4-6 所示。

金融发展方面。本书借鉴 Hansen（1999）的方法，通过对模型进行 1 000 次 bootstrap 抽样检验得到具体的 F 统计量和临界值，从而确定了金融发展对资本账户开放的金融风险效应的影响适用于单重门槛模型。当开放国金融发展初始条件高于门槛值 156 时，资本账户开放与金融风险之间呈现负向影响关系；当开放国金融发展初始条件低于门槛值 156 时，资本账户开放与金融风险之间的影响关系为正相关关系。这意味着资本账户开放与金融风险之间的关系受金融发展初始条件状况的影响显著。金融发展初始条件较好的国家，开放资本账户引发金融风险的可能性较小；而金融发展初始条件较差的国家，开放资本账户引发金融风险的可能性较大。

制度质量方面。制度质量对资本账户开放金融风险效应的影响适用于双重门槛模型。当制度质量指标处在较高（大于门槛值 0.32）或较低水平（小于门槛值-1.02）时，资本账户开放对开放国产生金融风险的可能性都有提升作用；而当制度质量指标处于中等水平时（介于门槛值-1.02 和 0.32 之间），资本账户开放对金融风险的爆发具有抑制作用。

贸易开放方面。当开放国贸易开放程度处于较低水平时（贸易开放指标低于门槛值 27），开放资本账户会显著地提高发生金融风险的概率；当开放国贸易开放初始条件处于中等水平时（贸易开放指标介于门槛值 27 和 101 之间），开放资本账户会提高金融风险发生的概率，但提高程度会显著地低一些，约是贸易开放程度较低的国家的 25%；而贸易开放初始条件较高的国家，开放资本账户会降低金融风险的爆发概率。根据贸易开放对资本账户开放的金融风险效应的影响，贸易开放程度越高的国家，资本账户开放引发金融风险的概率越小。

宏观经济政策方面。不同的宏观经济政策对资本账户开放的金融风险效应的影响也不相同。政府支出占 GDP 比重、汇率制度和通货膨胀对资本账户开放的金融风险效应的影响均呈现出“倒 U 形”特征，而外汇储备占 GDP 比重对资本账户开放的金融风险效应的影响呈“阶梯型”特征。当政府支出占 GDP 比重处于较低水平（低于门槛值 9）时，资本账户开放会导致发生金融风险的概率增加；当政府支出占 GDP 比重处于中等水平时（介于门槛值 9 和 15.6 之间），资本账户开放会对金融风险爆发起抑制作用；当政府支出占 GDP 比重处于较高水平时（高于门槛值 15.6），资本账户开放会对金融风险爆发起促进作用。同时，对于汇率制度和通货膨胀而言，其对资本账户开放的金融风

表 4-6　引入初始条件的资本账户开放的金融风险效应门槛模型回归结果

门槛变量	金融发展	制度质量	贸易开放	宏观经济政策			
				政府支出占 GDP 比重	外汇储备占 GDP 比重	汇率制度	通货膨胀
门槛值	单重门槛（156）	双重门槛（-1.02，0.32）	双重门槛（27，101）	双重门槛（9，15.6）	双重门槛（3，11）	双重门槛（2.2，9.2）	双重门槛（2，7.4）
资本账户开放指数	-0.002 4*	0.000 9	-0.000 1	0.004 8*	-0.001 3*	0.000 2	0.002 8**
	（TV>156）	（TV>0.32）	（TV>101）	（TV>15.6）	（TV>11）	（TV>9.2）	（TV>7.4）
	0.001 5**	-0.005 9*	0.002 2**	-0.002 2**	0.002 4**	-0.004 6**	-0.001 1**
	（TV≤156）	（-1.02≤TV≤-0.32）	（27≤TV≤101）	（9≤TV≤15.6）	（3≤TV≤11）	（2.2≤TV≤9.2）	（2≤TV≤7.4）
		0.003 4**	0.008 1*	0.000 8***	0.006 1	0.000 8***	0.000 1
		（TV<-1.02）	（TV<27）	（TV<9）	（TV<3）	（TV<2.2）	（TV<2）
经济增长	-0.038 6**	-0.036 6**	-0.058 1**	-0.057 8***	-1.540 7***	-1.801 4*	-0.058 9**
	（0.017 5）	（0.066 3）	（0.025 2）	（0.003 8）	（0.128 3）	（0.094 8）	（0.028 1）
经常项目盈余占 GDP 比重	-0.012 7**	-0.013 9**	-0.025 8*	-0.011 7	-1.213 8**	-1.334 1**	-0.011 7**
	（0.005 8）	（0.006 1）	（0.015 1）	（0.012 2）	（0.527 7）	（0.555 8）	（0.005 5）
国内外利率差	0.000 0	0.000 0	0.000 0	0.000 0	0.000 0	0.000 0	0.000 0
	（0.000 2）	（0.103 5）	（0.002 7）	（0.010 9）	（0.111 4）	（0.006 3）	（0.000 0）

注：TV 表示门槛值；括号内数值为标准差；*、** 和 *** 分别表示在 10%、5%和 1%显著性水平上通过检验。

险效应的影响也具有与政府支出相同的门槛特征。当汇率制度或通货膨胀水平处于低水平时，资本账户开放会增加金融风险爆发的概率；当汇率制度或通货膨胀水平处于中等水平时，资本账户开放会对金融风险爆发起抑制作用；当汇率制度或通货膨胀水平处于较高水平时，资本账户开放又会对金融风险爆发的可能性起到增强作用。对外汇储备占 GDP 比重来说，当外汇储备占 GDP 比重处于较低水平时（低于门槛值 3），资本账户开放会导致金融风险爆发的可能性增加，且弹性系数为 0.006 1。当外汇储备占 GDP 比重处于中等水平时（介于门槛值 3 和 11 之间），资本账户开放增强金融风险爆发可能性的弹性系数减少到 0.002 4。当外汇储备占 GDP 比重处于较高水平时（高于门槛值 11），资本账户开放会对金融风险爆发起抑制作用。

基于上述研究，根据资本账户开放的经济增长效应模型和资本账户开放的金融风险效应模型的实证结果，我们可以得出结论：开放国初始条件对资本账户开放综合效应具有显著影响。这一点印证了本章提出的理论假说 4.1。

4.4.3 加入初始条件的资本账户各子领域门槛回归

本书通过对初始条件与资本账户子领域开放效应门槛的模型构建，分析得到不同指标下初始条件的门槛值，这样不仅可以有效评估资本账户各子领域开放的条件，也可以检验资本账户各子领域开放的最佳次序，为推进中国资本账户有序开放提供重要的学术支撑。根据上文中线性分析的结果（见表 4-1 和表 4-2）我们可以发现，资本账户开放具有结构性效应，直接投资和证券投资等长期资本风险较小，对开放国经济增长具有显著的促进作用；而债务资本等短期资本风险较大，并不具有显著的经济增长效应。更进一步地，本书对加入初始条件的资本账户各子领域开放的综合效应模型进行对比分析，从而判断资本账户子领域开放条件的差异。

本节将直接投资、股本证券投资、债务投资三个子领域的流入和流出两个方向的共 6 个变量作为资本账户开放的代理指标，纳入资本账户开放经济增长模型和金融风险模型，估算出各子领域发挥“趋利避害”作用的门槛区间①。表 4-7 到表 4-12，给出了该 6 个变量作为资本账户开放代理变量的资本账户开放经济增长模型和金融风险模型的回归结果。

---

① 具体而言，这 6 个变量为外商直接投资（外商直接投资总额占 GDP 比重）、对外直接投资（对外直接投资总额占 GDP 比重）、对内证券投资（股本证券流入总量占 GDP 比重）、对外证券投资（对外股本证券投资总额占 GDP 比重）、对内债务投资（债务资本流入总量占 GDP 比重）和对外债务投资（对外债务资本总额占 GDP 比重），具体数据来源于 IFS。

从这6个回归结果中我们可以清晰地看出，初始条件对资本账户各子领域开放具有显著的经济增长和金融风险门槛效应，且不同的资本账户开放类型的初始条件的门槛值也各不相同。以金融发展为例，对外直接投资和对外证券投资的门槛值高于外商直接投资和对内证券投资的门槛值，而对外债务投资的门槛值低于对内债务投资的门槛值。比较各经济增长效应门槛模型的回归结果中的弹性系数大小可以发现，在对内开放方面，如果要获得更高的经济增长速度，外商直接投资的门槛值最低，对内证券投资居次，最后是对内债务投资。因此，在资本账户对内开放方面应遵循先直接投资、再股本证券投资、最后债务项目的开放顺序，以获得更高的经济增长效应。在对外开放方面，对外债务开放获得经济增长所需的金融发展初始条件门槛值最低，对外直接投资居次，最后是对外证券投资。

与经济增长效应门槛模型回归结果不同，在金融发展的门槛作用下，外商直接投资和对内证券投资降低发生金融风险概率的门槛值要高于对外直接投资和对外证券投资，而对外债务投资降低金融风险发生概率的门槛值要低于对内债务投资。比较各金融风险门槛模型的回归结果中的弹性系数的大小可以发现，如果要降低金融风险发生的概率，应首先放开外商直接投资，其次是加强对内股本证券投资，最后是放开对内债务投资。同时，制度质量、政府支出占GDP比重、通货膨胀、外汇储备占GDP比重以及汇率制度等门槛变量对资本账户开放的金融风险效应具有相同的影响。而在对外开放方面，在金融发展门槛作用下，首先应开放证券资本，其次是债券资本，最后是直接投资资本的流出。在制度质量门槛作用下，首先应开放债务资本，其次是直接投资资本，最后是证券资本。在贸易开放门槛作用下，首先应开放证券资本，其次是债务资本，最后是直接投资资本。

通过对资本账户各子领域经济增长效应和金融风险效应门槛模型的分析，我们可以看出，资本账户开放具有显著的结构性效应且各子领域开放存在显著的门槛效应，这一点印证了前文理论分析中的假说4.2。基于实证结果，我们认为一国合理的资本开放次序策略为：在直接投资和股本证券投资类项目上，应先对内开放吸引国际资本流入，再对外开放让国内资本走出去；在对内开放方面，应先开放直接投资类资本，再开放股本证券类资本，最后开放债务类资本；在对外开放方面，应先开放债务类资本，再开放股本证券类资本，最后开放直接投资类资本。

表 4-7　引入初始条件的外商直接投资经济增长效应和金融风险效应门槛模型回归结果

	门槛变量	金融发展	制度质量	贸易开放	宏观经济政策			
					政府支出占 GDP 比重	外汇储备占 GDP 比重	汇率制度	通货膨胀
经济增长效应	门槛值	双重门槛 （81，147）	单重门槛 （0.58）	双重门槛 （19，67）	双重门槛 （13，20.7）	单重门槛 （3）	双重门槛 （1.2，13.4）	单重门槛 （9.7）
	外商直接投资占 GDP 比重	0.097 8*** （TV>147） 0.030 2*** （81≤TV≤147） -0.003 2 （TV<81）	0.019 1** （TV>0.58） -0.001 9 （TV≤0.58）	-0.264 8*** （TV>67） -0.007 1 （19≤TV≤67） 0.015 2* （TV<19）	0.057 1*** （TV>20.7） 0.004 2 （13≤TV≤20.7） -0.035 9*** （TV<13）	-0.035 1** （TV>3） 0.023 4 （TV≤3）	-0.062 5*** （TV>13.4） 0.032 4** （1.2≤TV≤13.4） 0.003 1 （TV>1.2）	-0.068 8* （TV>9.7） 0.008 2 （TV≤9.7）
金融风险效应	门槛值	双重门槛 （151，224）	双重门槛 （-1.01，0.62）	单重门槛 （46）	双重门槛 （15.3，24.1）	单重门槛 （7.6）	双重门槛 （1.2，11.9）	双重门槛 （6.7，13）
	外商直接投资占 GDP 比重	-0.025 3*** （TV>224） -0.009 4*** （151≤TV≤224） 0.004 4 （TV<151）	0.003 6 （TV>0.62） -0.019 2*** （-1.01≤TV≤0.62） 0.007 2 （TV<-1.01）	-0.008 4*** （TV>46） -0.039 1** （TV≤46）	0.014 1*** （TV>24.1） -0.005 1 （15.3≤TV≤24.1） -0.017 9* （TV<15.3）	-0.020 5** （TV>7.6） 0.006 1* （TV≤7.6）	0.004 2*** （TV>11.9） -0.002 45 （1.2≤TV≤11.9） -0.004 1 （TV<1.2）	0.003 1*** （TV>13） 0.006 1 （6.7≤TV≤13） -0.010 1* （TV<6.7）

注：TV 表示门槛值；括号内数值为标准差；*、** 和 *** 分别表示在 10%、5%和 1%显著性水平上通过检验。

表 4-8 引入初始条件的对外直接投资经济增长效应和金融风险效应门槛模型回归结果

	门槛变量	金融发展	制度质量	贸易开放	宏观经济政策			
					政府支出占 GDP 比重	外汇储备占 GDP 比重	汇率制度	通货膨胀
经济增长效应	门槛值	双重门槛（147，209）	双重门槛（-1.01，1.6）	单重门槛（54）	单重门槛（13）	双重门槛（4）	单重门槛（1.2）	单重门槛（32）
	对外直接投资占 GDP 比重	0.094 6*** （TV>209） 0.040 8* （147≤TV≤209） -0.005 4 （TV<147）	0.015 2 （TV>1.6） -0.011 2 （-1.01≤TV≤1.6） -1.413 3** （TV<-1.01）	-0.031 5 （TV>54） 0.007 4 （TV≤54）	0.043 3*** （TV>13） -0.009 8 （TV≤13）	-0.017 1 （TV>4） 0.009 1 （TV≤4）	0.024 3 （TV>1.2） -0.007 7** （TV≤1.2）	-1.327 1*** （TV>32） 0.002 6 （TV≤32）
金融风险效应	门槛值	双重门槛（150，182）	双重门槛（0.13，1.65）	双重门槛（31，89）	双重门槛（14.9，18.7）	双重门槛（0.83，9.1）	双重门槛（1.2，9.4）	单重门槛（18.3）
	对外直接投资占 GDP 比重	-0.041 5*** （TV>182） 0.038 5* （150≤TV≤182） 0.002 4 （TV<150）	-0.114 1*** （TV>1.65） -0.000 9 （0.13≤TV≤1.65） 0.009 9* （TV<0.13）	-0.013 9*** （TV>89） 0.008 6* （31≤TV≤89） -0.174 2*** （TV<31）	-0.008 4 （TV>18.7） 0.054 1** （14.9≤TV≤18.7） 0.001 6 （TV<14.9）	-0.020 1** （TV>9.1） 0.013 6* （0.83≤TV≤9.1） 0.098 7 （TV<0.83）	0.007 3 （TV>9.4） -0.037 3** （1.2≤TV≤9.4） -0.005 2 （TV<1.2）	0.153 1*** （TV>18.3） 0.002 1 （TV≤18.3）

注：TV 表示门槛值；括号内数值为标准差；*、** 和 *** 分别表示在 10%、5%和 1%显著性水平上通过检验。

表 4-9　引入初始条件的对内证券投资经济增长效应和金融风险效应门槛模型回归结果

	门槛变量	金融发展	制度质量	贸易开放	宏观经济政策			
					政府支出占 GDP 比重	外汇储备占 GDP 比重	汇率制度	通货膨胀
经济增长效应	门槛值	双重门槛 （87，209）	单重门槛 （-0.64）	单重门槛 （75）	单重门槛 （12）	单重门槛 （7）	双重门槛 （1.2，9.4）	单重门槛 （3）
	对内证券投资占 GDP 比重	0.305 3*** （TV>209） 0.050 7** （87≤TV≤209） 0.004 6 （TV<87）	1.470 6** （TV>-0.64） 0.008 7 （TV≤-0.64）	0.004 3 （TV>75） 0.017 4** （TV≤75）	0.074 3** （TV>12） 0.009 1* （TV≤12）	0.036 6*** （TV>7） 0.000 1 （TV≤7）	0.006 2 （TV>9.4） 0.065 1*** （1.2≤TV≤9.4） 0.030 1 （TV<1.2）	0.002 9 （TV>3） 0.032 1* （TV≤3）
金融风险效应	门槛值	双重门槛 （83，182）	双重门槛 （-0.02，1.52）	双重门槛 （33，57）	双重门槛 （10，13.8）	双重门槛 （7，17.2）	双重门槛 （1.2，6.7）	双重门槛 （4，27.4）
	对内证券投资占 GDP 比重	-0.117 3** （TV>182） -0.000 9 （83≤TV≤182） 0.006 1*** （TV<83）	-0.132 5* （TV>1.52） -0.098 4*** （-0.02≤TV≤1.52） 0.004 9 （TV<-0.02）	-0.116 3*** （TV>57） 0.007 1 （33≤TV≤57） -0.004 1 （TV<33）	0.006 9*** （TV>13.8） -0.004 4* （10≤TV≤13.8） -0.028 2* （TV<10）	-0.022 3 （TV>17.2） -0.000 9 （7≤TV≤17.2） 0.007 3** （TV<7）	0.006 1*** （TV>6.7） -0.081 3* （1.2≤TV≤6.7） -0.010 1* （TV<1.2）	0.003 6 （TV>27.4） -0.070 1* （4≤TV≤27.4） -0.170 3** （TV<4）

注：TV 表示门槛值；括号内数值为标准差；*、** 和 *** 分别表示在 10%、5%和 1%显著性水平上通过检验。

表 4-10 引入初始条件的对外证券投资经济增长效应和金融风险效应门槛模型回归结果

	门槛变量	金融发展	制度质量	贸易开放	宏观经济政策			
					政府支出占 GDP 比重	外汇储备占 GDP 比重	汇率制度	通货膨胀
经济增长效应	门槛值	双重门槛 （211，247）	单重门槛 （-0.32）	单重门槛 （22）	单重门槛 （13）	单重门槛 （5）	单重门槛 （3.4）	单重门槛 （10.7）
	对外证券投资占 GDP 比重	0.068 3*** （TV>247） 0.033 3** （211≤TV≤247） 0.001 1 （TV<211）	0.007 7 （TV>-0.32） -1.000 2 （TV≤-0.32）	-0.260 7 （TV>22） 0.006 9 （TV≤22）	0.015 1** （TV>13） 0.008 4 （TV≤13）	-0.007 9 （TV>5） 0.017 7* （TV≤5）	-0.000 9** （TV>3.4） 0.021 8* （TV≤3.4）	-1.282 7** （TV>10.7） 0.008 4 （TV≤10.7）
金融风险效应	门槛值	双重门槛 （54，82）	单重门槛 （-0.96）	双重门槛 （24，97）	双重门槛 （15.2，18.8）	单重门槛 （6.2）	双重门槛 （1.3，9.4）	单重门槛 （38.7）
	对外证券投资占 GDP 比重	-0.030 7 （TV>82） 0.170 2* （54≤TV≤82） 0.004 1 （TV<54）	0.001 7** （TV>-0.96） -0.330 3 （TV≤-0.96）	-0.006 2** （TV>97） 0.020 1 （24≤TV≤97） -0.003 1*** （TV<24）	-0.008 4** （TV>18.8） 0.017 2 （15.2≤TV≤18.8） 0.001 6 （TV<15.2）	-0.008 7** （TV>6.2） 0.012 4*** （TV≤6.2）	0.008 5** （TV>9.4） -0.020 1** （1.3≤TV≤9.4） -0.005 6 （TV<1.3）	2.095 1* （TV>38.7） 0.001 1 （TV≤38.7）

注：TV 表示门槛值；括号内数值为标准差；*、** 和 *** 分别表示在 10%、5%和 1%显著性水平上通过检验。

表 4-11　引入初始条件的对内债务投资经济增长效应和金融风险效应门槛模型回归结果

	门槛变量	金融发展	制度质量	贸易开放	宏观经济政策			
					政府支出占 GDP 比重	外汇储备占 GDP 比重	汇率制度	通货膨胀
经济增长效应	门槛值	双重门槛 （132，261）	单重门槛 （-0.62）	双重门槛 （22，95）	双重门槛 （7，13）	单重门槛 （4）	单重门槛 （14.2）	单重门槛 （5）
	对内债务投资占 GDP 比重	0.008 1** （TV>261） -0.007 3 （132≤TV≤261） -0.000 3 （TV<132）	-0.003 2** （TV>-0.62） -0.016 3* （TV≤-0.62）	-0.037 2*** （TV>95） -0.009 1* （22≤TV≤95） -0.000 5 （TV<22）	-0.004 2** （TV>13） 0.007 2* （7≤TV≤13） -0.003 9 （TV<7）	-0.000 8* （TV>4） -0.006 3*** （TV≤4）	-0.003 1* （TV≤14.2） 0.334** （TV>14.2）	-0.004 1** （TV>5） 0.003 3 （TV≤5）
金融风险效应	门槛值	双重门槛 （102，217）	双重门槛 （-0.94，0.81）	双重门槛 （20，91）	双重门槛 （8.4，15.1）	单重门槛 （10.1）	双重门槛 （4.2，9.7）	双重门槛 （6.7，40.1）
	对内债务投资占 GDP 比重	0.001 1** （TV>217） 0.002 9* （102≤TV≤217） 0.003 6 （TV<102）	0.002 1** （TV>0.81） -0.004 7*** （-0.94≤TV≤0.81） 0.004 1* （TV<-0.94）	0.001 42 （TV>91） 0.003 1** （20≤TV≤91） 0.000 7 （TV<20）	0.011 2** （TV>15.1） -0.000 1 （8.4≤TV≤15.1） 0.001 8*** （TV<8.4）	0.009 8* （TV>10.1） 0.004 4 （TV≤10.1）	0.011 2** （TV>9.7） -0.005 4 （4.2≤TV≤9.7） 0.001 3 （TV<4.2）	0.001 8** （TV>40.1） 0.005 5 （6.7≤TV≤40.1） 0.000 3 （TV<6.7）

注：TV 表示门槛值；括号内数值为标准差；*、** 和 *** 分别表示在 10%、5%和 1%显著性水平上通过检验。

表 4-12　引入初始条件的对外债务投资经济增长效应和金融风险效应门槛模型回归结果

	门槛变量	金融发展	制度质量	贸易开放	宏观经济政策			
					政府支出占 GDP 比重	外汇储备占 GDP 比重	汇率制度	通货膨胀
经济增长效应	门槛值	双重门槛 （66，87）	单重门槛 （-0.33）	双重门槛 （26，101）	双重门槛 （14，22.4）	单重门槛 （7）	双重门槛 （4.2，16.2）	单重门槛 （22）
	对外债务投资占 GDP 比重	0.043 8*** （TV>87） 0.011 3* （66≤TV≤87） -0.002 （TV<66）	0.043 8 （TV>-0.33） -0.031 2 （TV≤-0.33）	-0.080 4** （TV>101） -0.003 1 （26≤TV≤101） 0.004 7 （TV<26）	0.034 5*** （TV>22.4） -0.000 9 （14≤TV≤22.4） -0.015 9** （TV<14）	-0.000 7 （TV>7） 0.009 1 （TV≤7）	-0.042 3* （TV>16.2） 0.008 2 （4.2≤TV≤16.2） -0.000 2* （TV<4.2）	-0.066 8*** （TV>22） 0.000 4 （TV≤22）
金融风险效应	门槛值	单重门槛 （92）	双重门槛 （-0.96，-0.02）	双重门槛 （32，101）	双重门槛 （10.2，17）	双重门槛 （6.1，14）	双重门槛 （3.2，14.7）	单重门槛 （13）
	对外债务投资占 GDP 比重	-0.006 4*** （TV>92） 0.001 5 （TV≤92）	-0.006 2 （TV>-0.02） -0.021 3** （-0.96≤TV≤-0.02） 0.001 1 （TV<-0.96）	-0.001 3** （TV>101） 0.001 8* （32≤TV≤101） 0.018 9** （TV<32）	0.027 5** （TV>17） -0.001 7 （10.2≤TV≤17） 0.001 9*** （TV<10.2）	-0.003 7* （TV>14） 0.000 3 （6.1≤TV≤14） 0.004 1 （TV<6.1）	0.030 3** （TV>14.7） -0.001 9 （3.2≤TV≤14.7） 0.002 4*** （TV<3.2）	0.022 4* （TV>13） 0.001 7* （TV≤13）

注：TV 表示门槛值；括号内数值为标准差；*、** 和 *** 分别表示在 10%、5%和 1%显著性水平上通过检验。

4.5 本章小结

本章通过构建资本账户开放的经济增长效应和金融风险效应的门槛回归模型，对多个发达经济体和新兴经济体2002—2013年的面板数据进行分析发现，一国宏观经济和政治环境层面的一系列初始条件状况会对其资本账户开放的综合效应造成影响，且具有显著的“门槛效应”。

①金融发展方面。一国资本账户开放在促进经济增长效应和抑制金融风险效应方面与该国金融发展初始条件水平密切相关：一国金融发展初始条件水平越高，该国资本账户开放的经济增长效应会越大，对金融风险的发生也有较大的抑制作用。②制度质量方面。制度质量对资本账户开放经济增长效应和金融风险效应均呈现出“倒U形”门槛作用：当一国制度质量水平较低时，资本账户开放对经济增长具有抑制作用；当一国制度质量处于较高水平时，资本账户开放对经济增长也具有抑制作用；只有当一国制度质量处于中等水平时，资本账户开放对经济增长才起到促进作用。同样地，当一国制度质量处于较高和较低水平时，资本账户开放对金融风险的爆发均会起到促进作用；只有当一国制度质量处于中等水平时，资本账户开放才会抑制或降低金融风险的发生。③贸易开放程度方面。贸易开放程度对资本账户开放的经济增长效应和金融风险效应起作用的方向相反：一国资本账户开放程度对资本账户开放的经济增长效应的作用呈“阶梯递增”特征，而一国贸易开放程度对资本账户开放的金融风险效应的影响却是呈“阶梯递减”特征。④宏观经济政策方面。较低的通货膨胀水平、适当的政府支出、合理的外汇储备规模和较有弹性的汇率制度都会对资本账户开放的经济增长效应起到较好的促进作用，对金融风险效应起到抑制作用。

本章在考察一系列初始条件对资本账户整体开放的经济增长效应和金融风险效应具有“门槛效应”的基础上进一步细化，将资本账户各子领域的开放变量作为替代变量纳入资本账户开放综合效应门槛模型。实证结果表明，一系列初始条件对资本账户各子领域开放的综合效应也具有“门槛效应”。在追求综合效应最大化的目标下，本书认为一国合理的资本账户开放次序为：在流出方向，应先开放债券资本项目，其次开放股本证券类项目，最后开放直接投资类项目；而在流入方向，应先开放直接投资类项目，其次开放股本证券类项目，最后开放债权资本类项目。

5 资本账户开放的时机抉择

理论分析和开放实践都反映出资本账户开放在满足一系列初始条件的情况下才可能获得更多的经济增长和较小的金融风险。在资本账户开放综合效应最大化的目标和原则下，一国资本账户开放决策的核心关注点是根据初始条件的变化，动态择机安排与初始条件相符的开放次序和开放尺度，这也是资本账户开放的时机选择的真实内涵。因此，建立一个有效的、能够发挥开放的增长效应并减小开放风险的资本账户开放初始条件成熟度评估模型，对一国资本账户开放条件成熟度进行估计尤为重要。本章在上一章关于资本账户开放综合效应门槛分析的实证结果基础上，通过引入信号分析法，构建资本账户整体和各子领域的开放条件成熟度模型，在结合中国各初始条件发展实际状况的条件下，估算出对中国资本账户开放综合效应有影响的初始条件的成熟度，以更加科学的研究方法尝试解决中国资本账户开放的时机选择和开放路径等现实问题。

5.1 研究问题

在资本账户开放综合效应最大化的决策目标下，资本账户开放时机选择问题的本质就是综合考量自身初始条件发展状况，相机决策出与初始条件发展状况相匹配的开放次序和开放程度。可以说，资本账户开放时机选择问题的内涵包含两个方面：一是资本账户应何时开放才能达到开放综合效应的最大化；二是在开放综合效应最大化的目标下，资本账户开放应遵循怎样的开放次序。因此，对一国资本账户开放时机抉择问题的探讨就是对一国初始条件发展状况与资本账户整体和各子领域开放综合效应之间关系的探讨。

在上一章的研究中，我们通过构建纳入初始条件的资本账户开放综合效应门槛模型，实证估算出了各个初始条件对资本账户开放综合效应造成不同影响的门槛值。本章在各初始条件的门槛值的基础上，引入信号分析法，构建资本账户开放条件成熟度模型，运用定量研究方法更加科学地判断资本账户在“何时”“以怎样的开放次序”推进开放策略，能达到综合效应最大化的开放目标。本章接下来的结构安排是：首先，对资本账户开放条件成熟度模型的基本框架进行介绍；其次，在结合中国各初始条件发展现状的基础上，运用资本账户开放条件成熟度评估体系对中国资本账户开放各初始条件的成熟度进行估计，并尝试依此解决中国资本账户“何时开放”的问题；最后，运用资本账户开放条件成熟度评估模型对中国资本账户各子领域开放条件的成熟度进行估计，并尝试依此解决中国资本账户“开放次序”的问题。本章的边际贡献在于：①以往文献对资本账户“何时开放”问题的探讨大多以定性分析为主，研究方法过于主观和随意，从而影响到研究结论的准确性；本章在资本账户开放综合效应门槛回归模型实证分析的基础上，构建资本账户开放条件成熟度模型，运用定量分析的方法，更加准确和科学地解决了资本账户开放时机选择的问题。②以往文献对资本账户开放次序问题的探讨大多关注“国内金融改革与资本账户开放孰先孰后”的问题，而较少关注资本账户内部各子领域之间开放的先后问题；本章通过对资本账户各子领域开放条件成熟度的判断，尝试解决资本账户开放内部各子领域间的开放次序问题，为中国实施“有序推进资本账户”开放奠定理论基础。

5.2 条件成熟度模型的构建及评估方法

本书依据与资本账户开放综合效应高度相关原则，选取一系列变量建立一个指标体系，并以科学计量方法为依据测算出各变量的临界值和基准值，再通过对这些变量的现实状况进行动态监测，评估出各变量的条件成熟度，为资本账户开放时机抉择提供重要依据。资本账户开放条件成熟度评估模型的核心标准是增强资本账户开放的正向效应而减少资本账户开放的负向效应。总体来说，资本账户开放条件成熟度评估模型是一个由一系列能够对资本账户开放综合效应造成影响的初始条件作为指标体系，在科学统计分析的基础上，以实证统计结果评估出各指标的临界值，并引入信号分析法对开放国初始条件进行动态监测，为政府当局提供资本账户开放收益和风险的量化评估体系。

5.2.1 模型的设定

根据第四章节对宏观经济与政策环境等层面的一系列初始条件状况与资本

账户开放综合效应之间关系的讨论，本章在资本账户开放条件成熟度评估体系指标与开放综合效应高度相关的原则下，选取金融发展、制度质量、贸易开放以及宏观经济政策方面的政府支出占 GDP 比重、外汇储备占 GDP 比重、汇率制度和通货膨胀共 7 个指标，构建资本账户开放初始条件成熟度评估体系的指标体系，并以各变量门槛模型回归结果中的门槛值为临界值，引入信号分析机制，一旦初始条件跨越该门槛值就相应地发出预警信号。

通过第四章中各初始变量与资本账户开放综合效应的门槛模型的实证分析结果，我们可以发现各初始变量门槛值将各初始变量划分为多个不同数值的区域段，不同区域段内的初始变量对资本账户开放的经济增长效应和金融风险效应会有不同程度的影响。依此，本章根据资本账户开放的经济增长效应和金融风险效应不同程度的影响结果对初始条件进行等级划分和赋值，得到经济增长效应开放成熟度和金融风险效应开放成熟度；之后，再将得到的这两个成熟度计算平均值，即可估算出综合效应成熟度，即初始条件对整个资本账户开放综合效应的成熟度的评估分值。其中，赋值原则按照“优”“良”“中”和“差”四个等级划分，“优”计 10 分，“良”计 8 分，“中”计 6 分，“差”计 4 分。

本书将资本账户开放条件成熟度模型构建原理及过程总结为以下几个环节：

（1）选取指标体系。本书以与资本账户开放的经济增长效应和金融风险效应高度相关为原则，在指标可量化、数据可获取的条件下进行资本账户开放条件成熟度评估体系的指标体系的选取和构建。通过第四章的实证经验分析，本章选取金融发展、制度质量、贸易开放以及宏观经济政策中的政府支出、外汇储备、汇率制度和通货膨胀 7 个变量为评估体系的指标变量。

（2）确定临界值。在不同临界值区域内，各量化指标对资本账户开放的经济增长效应和金融风险效应造成的影响各不相同。临界值的确定是对量化指标进行分组、等级划分和赋值的前提条件。以往文献大多以定性的方法对量化指标进行分组，其主观性和随意性容易造成分组标准不统一。本章以第四章各初始条件门槛回归模型的实证分析结果中的门槛值为各量化指标的临界值，使得临界值的确定更具科学性和统一性。

（3）确定评分标准。在确定临界值的基础上，本书根据量化指标对资本账户开放的经济增长效应和金融风险效应影响程度的不同，将量化指标进行等级划分，进而对不同等级的指标进行赋值。资本账户开放条件成熟度模型的评分标准是增强资本账户开放的经济增长效应和降低资本账户开放的金融风险效应，因此，本章在对量化指标进行赋值时，对资本账户开放的经济增长效应促进作用越强的指标赋值越高，对资本账户开放的金融风险效应抑制作用越强的指标赋值越高。

（4）估算资本账户开放初始条件成熟度。在上述的评分标准下，结合各指标发展的现状，估算出各指标的经济增长效应成熟度和金融风险效应成熟度，再将这两个成熟度计算平均值即可估算出综合效应成熟度，即初始条件对整个金融开放综合效应的成熟度评估分值。

资本账户开放条件成熟度模型的框架结构见图 5-1。

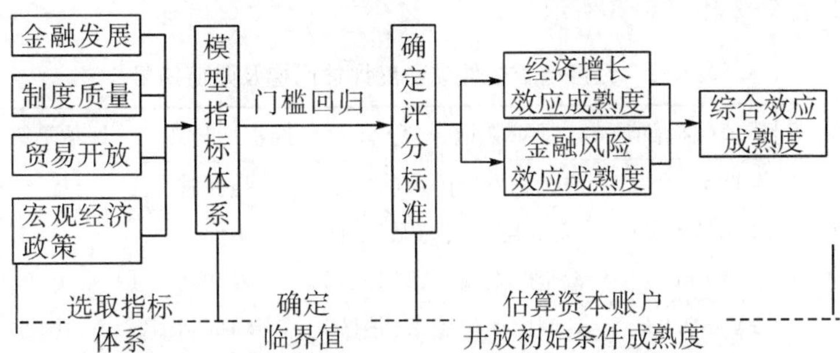

图 5-1　资本账户开放条件成熟度模型的框架结构

5.2.2　评估方法

本节在第四章各初始条件门槛实证回归结果的基础上，引入信号分析法，构建一套评估方法并以此为标准对资本账户开放条件成熟度进行估算。信号分析法是指在确定指标体系中各变量的选取后，为指标体系中的每一个变量寻找一个临界值，当指标观测值跨越临界值处于某一取值区域内时，就会相应地发出预警信号。根据初始条件对资本账户开放综合效应影响程度的不同，本书对初始条件成熟度进行等级划分并相应地赋值，具体如表 5-1 所示。

表 5-1　初始条件成熟度等级划分及赋值

成熟度等级	优	良	中	差
赋值	10	8	6	4

资本账户开放条件成熟度模型评估的目标是对初始条件的发展状况进行量化评判；同时，评判的标准是增强资本账户开放的经济增长效应，降低金融风险效应。在此评估目标和标准下，资本账户开放的经济增长效应中，条件成熟度模型将强促进作用计为“优”，赋值为 10；弱促进作用计为“良”，赋值为 8；弱抑制作用计为“中”，赋值为 6；强抑制作用计为“差”，赋值为 4。资

本账户开放的金融风险效应中，条件成熟度模型将强抑制作用计为“优”，赋值为 10；弱抑制作用计为“良”，赋值为 8；弱促进作用计为“中”，赋值为 6；强促进作用计为“差”，赋值为 4。因此，初始条件成熟度的估值结果越高，意味着该初始条件在资本账户开放经济增长效应方面的促进力度更强，在资本账户开放金融风险效应方面的抑制力度更强。

下面结合第四章各初始条件经济增长效应和金融风险效应门槛模型回归结果，根据资本账户开放条件成熟度模型对各初始条件进行等级划分和赋值，具体结果如表 5-2 和表 5-3 所示。

表 5-2　经济增长条件成熟度评估门槛及赋值结果

初始条件	门槛值(临界值)	国家(地区)分类	经济增长效应	评估等级	赋值
金融发展	TV>220	高金融发展国家(地区)	强促进	优	10
	114<TV<220	中等金融发展国家(地区)	弱促进	良	8
	TV<114	低金融发展国家(地区)	强抑制	差	4
制度质量	TV>-0. 08	高制度质量国家(地区)	弱抑制	中	6
	-0. 74<TV<-0. 08	中等制度质量国家(地区)	强促进	优	10
	TV<-0. 74	低制度质量国家(地区)	强抑制	差	4
贸易开放	TV>97	高贸易开放国家(地区)	强抑制	差	4
	24<TV<97	中等贸易开放国家(地区)	弱抑制	中	6
	TV<24	低贸易开放国家(地区)	强促进	优	10
政府支出占 GDP 比重	TV>22	高政府支出国家(地区)	强促进	优	10
	11<TV<22	中等政府支出国家(地区)	弱抑制	中	6
	TV<11	低政府支出国家(地区)	强抑制	差	4
外汇储备占 GDP 比重	TV>20	高外汇储备国家(地区)	强抑制	差	4
	5<TV<20	中等外汇储备国家(地区)	强促进	优	10
	TV<5	低外汇储备国家(地区)	弱促进	良	8
汇率制度	TV>13. 1	高汇率弹性国家(地区)	强抑制	差	4
	2. 1<TV<13. 1	中等汇率弹性国家(地区)	强促进	优	10
	TV<2. 1	低汇率弹性国家(地区)	弱促进	良	8
通货膨胀	TV>14. 7	高通胀国家(地区)	弱抑制	中	6
	9. 2<TV<14. 7	中等通胀国家(地区)	强抑制	差	4
	TV<9. 2	低通胀国家(地区)	强促进	优	10

表 5-3　金融风险条件成熟度评估门槛及赋值结果

初始条件	门槛值(临界值)	国家(地区)分类	经济增长效应	评估等级	赋值
金融发展	TV>156	高金融发展国家(地区)	强抑制	优	10
	TV<156	低金融发展国家(地区)	强促进	差	4
制度质量	TV>0. 32	高制度质量国家(地区)	弱促进	中	6
	-1. 02<TV<0. 32	中等制度质量国家(地区)	强抑制	优	10
	TV<-1. 02	低制度质量国家(地区)	强促进	差	4
贸易开放	TV>101	高贸易开放国家(地区)	强抑制	优	10
	27<TV<101	中等贸易开放国家(地区)	弱促进	中	6
	TV<27	低贸易开放国家(地区)	强促进	差	4
政府支出占 GDP 比重	TV>15. 6	高政府支出国家(地区)	强促进	差	4
	9<TV<15. 6	中等政府支出国家(地区)	强抑制	优	10
	TV<9	低政府支出国家(地区)	弱促进	中	6
外汇储备占 GDP 比重	TV>11	高外汇储备国家(地区)	强抑制	优	10
	3<TV<11	中等外汇储备国家(地区)	弱促进	中	6
	TV<3	低外汇储备国家(地区)	强促进	差	4
汇率制度	TV>9. 2	高汇率弹性国家(地区)	强促进	差	4
	2. 2<TV<9. 2	中等汇率弹性国家(地区)	强抑制	优	10
	TV<2. 2	低汇率弹性国家(地区)	弱促进	中	6
通货膨胀	TV>7. 4	高通胀国家(地区)	强促进	差	4
	2<TV<7. 4	中等通胀国家(地区)	强抑制	优	10
	TV<2	低通胀国家(地区)	弱促进	中	6

按照上述经济增长条件成熟度的评估方法（见表 5-2），当一国金融发展水平超过 220 时，该国金融发展状况在促进资本账户开放经济增长效应方面具有强促进作用，故将该国金融发展条件成熟度赋值为 10；当一国金融发展水平处于 114 和 220 之间时，该国金融发展状况在促进资本账户开放经济增长效应方面具有弱促进作用，故将该国金融发展条件成熟度赋值为 8；而当一国金融发展水平小于 114 时，该国金融发展状况对资本账户开放经济增长效应起到强抑制作用，故将该国金融发展条件成熟度赋值为 4。当一国制度质量量化水平超过-0. 08 时，该国制度质量状况对资本账户开放经济增长效应方面起到弱抑制作用，故将该国制度质量条件成熟度赋值为 6；当一国制度质量量化水平处于-0. 74 和-0. 08 之间时，该国制度质量状况对资本账户开放经济增长效应具有强促进作用，故将该国制度质量条件成熟度赋值为 10；当一国制度质量

量化水平低于-0. 74 时，该国制度质量状况对资本账户开放经济增长效应起到强抑制作用，故将该国制度质量条件成熟度赋值为 4。当一国贸易开放水平高于 97 时，该国贸易开放条件对资本账户开放经济增长效应具有强抑制作用，故将该国贸易开放条件成熟度赋值为 4；当一国贸易开放水平处于 24 和 97 之间时，该国贸易开放条件对资本账户开放经济增长效应具有弱抑制作用，故将该国贸易开放条件成熟度赋值为 6；当一国贸易开放水平低于 24 时，该国贸易开放条件对资本账户开放经济增长效应起到强促进作用，故将该国贸易开放条件成熟度赋值为 10。宏观经济政策条件中，当一国政府支出占 GDP 比重超过 22，外汇储备占 GDP 比重处于 5 和 20 之间，汇率制度量化指数处于 2. 1 和 13. 1 之间，通货膨胀水平低于 9. 2 时，政府支出、外汇储备、汇率制度和通货膨胀 4 类初始条件对该国资本账户开放经济增长效应起到强促进作用，故对这些初始条件赋值为 10；当一国外汇储备占 GDP 比重小于 5，汇率制度量化指数低于 2. 1 时，外汇储备和汇率制度两类初始条件对该国资本账户开放经济增长效应起到弱促进作用，故对处于这些状态下的初始条件赋值为 8；当一国政府支出占 GDP 比重处于 11 和 22 之间，通货膨胀指数超过 14. 7 时，政府支出和通货膨胀两类初始条件对该国资本账户经济增长效应起到弱抑制作用，故将处于这种状态下的政府支出和通货膨胀初始条件成熟度赋值为 6；当政府支出占 GDP 比重低于 11，外汇储备占 GDP 比重超过 20，汇率质量量化指标超过 13. 1，通货膨胀指数处于 9. 2 和 14. 7 之间时，政府支出、外汇储备、汇率制度和通货膨胀这四类初始条件对资本账户开放经济增长效应起到强抑制作用，故将处于这些状态下的这四类初始条件赋值为 4。

同样地，按照上述金融风险条件成熟度的评估方法（见表 5-3），当一国金融发展水平超过 156 时，该国金融发展对资本账户开放金融风险效应方面起到强抑制作用，故将该国金融发展条件成熟度赋值为 10；而当一国金融发展水平小于 156 时，该国金融发展状况对资本账户开放金融风险效应起到强促进作用，故将该国金融发展条件成熟度赋值为 4。当一国制度质量量化水平超过 0. 32 时，该国制度质量状况对资本账户开放金融风险效应方面起到弱促进作用，故将该国制度质量条件成熟度赋值为 6；当一国制度质量量化水平处于-1. 02 和 0. 32 之间时，该国制度质量状况对资本账户开放金融风险效应具有强抑制作用，故将该国制度质量条件成熟度赋值为 10；当一国制度质量量化水平低于-1. 02 时，该国制度质量状况对资本账户开放金融风险效应起到强促进作用，故将该国制度质量条件成熟度赋值为 4。当一国贸易开放水平高于 101 时，该国贸易开放条件对资本账户开放金融风险效应具有强抑制作用，故将该国贸易开放条件成熟度赋值为10；当一国贸易开放水平处于27和101之间时，该国贸易开放条件对资本账户开放金融风险效应具有弱促进作用，故将该国贸易开放条件成熟度赋值为6；当一国贸易开放水平低于27时，该国贸易开放条件对资本账户开放经济金融风险起到强促进作用，故将该国贸易开放条件成熟度赋值为4。宏观经济政策条件中，当一国政府支出占GDP比重超过15.6，外汇储备占GDP比重低于3，汇率制度量化指数超过9.2，通货膨胀水平超过7.4时，政府支付、外汇储备、汇率制度和通货膨胀四类初始条件对该国资本账户开放金融风险效应起到强促进作用，故对这些初始条件赋值为4；当政府支出占GDP比重低于9，外汇储备占GDP比重处于3和11之间，汇率质量量化指标低于2.2，通货膨胀指数低于2时，政府支出、外汇储备、汇率制度和通货膨胀这四类初始条件对资本账户开放金融风险效应起到弱促进作用，故将处于这些状态下的这四类初始条件赋值为6；当政府支出占GDP比重处于9和15.6，外汇储备占GDP比重超过11，汇率质量量化指标处于2.2和9.2之间，通货膨胀指数处于2和7.4之间时，政府支出、外汇储备、汇率制度和通货膨胀这四类初始条件对资本账户开放金融风险效应起到强抑制作用，故将处于这些状态下的这四类初始条件赋值为4。

为进一步估算资本账户各子领域开放条件成熟度，本书结合4.4.3节中资本账户各子领域门槛回归的结果，运用资本账户开放条件成熟度模型对各初始条件进行等级划分和赋值。限于篇幅原因，本书将资本账户各子领域条件成熟度的赋值结果作为附录罗列在本书最后，具体详见附表1-12。

5.3 中国数据的实证检验及结果分析

基于上述资本账户开放条件成熟度评估模型及评估方法，本节以中国加入WTO（世界贸易组织）为时间节点，选取2002—2013年的数据，估算出中国自加入WTO以来资本账户开放的初始条件成熟度。此外，依据前文所介绍的资本账户各子领域初始条件成熟度评估方法，评估出2002—2013年中国资本账户各子领域初始条件成熟度。

5.3.1 资本账户开放条件成熟度的估计

我们选取2002—2013年这一时间段的样本，根据前面所叙述的资本账户开放的初始条件指标，建立起评估资本账户开放初始条件的系统。按照前面模型估计的资本账户开放各初始条件门槛值，可以选用不同的分值对不同的初始条件进行评估。10 分对应评价为“优”的水平，“良”计 8 分，“中”和“差”分别计 6 分和 4 分。金融风险效应条件成熟度和经济增长效应条件成熟度是从金融风险和经济增长两个角度评估初始条件对资本账户的开放情况后得到的。我们通过平均计算金融风险效应条件成熟度和经济增长效应条件成熟度之和，可以得到综合效应开放成熟度（见表 5-4）。

表 5-4　中国资本账户开放条件成熟度估算结果（资本账户开放整体）

单位：分

初始条件			2002年	2004年	2005年	2007年	2009年	2011年	2013年
经济增长		金融发展	优	优	优	优	优	优	优
		制度质量	优	优	优	优	优	优	优
		贸易开放	中	中	中	中	中	良	良
	宏观经济政策	政府支出占 GDP 比重	中	中	中	中	中	中	良
		外汇储备占 GDP 比重	差	差	差	差	差	差	差
		汇率制度	良	良	优	优	优	优	优
		通货膨胀	优	优	优	优	良	优	优
经济增长效应条件成熟度			7.7	7.7	8	8	7.7	8.3	8.6
金融风险		金融发展	优	优	优	优	优	优	优
		制度质量	优	优	优	优	优	优	优
		贸易开放	中	中	中	中	中	中	中
	宏观经济政策	政府支出占 GDP 比重	差	差	优	优	优	优	优
		外汇储备占 GDP 比重	优	优	优	优	优	优	优
		汇率制度	优	优	优	优	优	优	优
		通货膨胀	优	优	优	优	良	优	优
金融风险效应条件成熟度			9.1	8.6	9.4	9.7	9.1	9.7	9.4
综合效应开放成熟度			8.4	8.2	8.7	8.9	8.4	9	9

注：限于篇幅，本表只汇总了部分年份的计算结果。

从资本账户开放整体成熟度评估系统来看，在 2005—2013 年，资本账户开放对经济增长的促进作用较强，成熟度指标除了 2009 年经济增长效应条件成熟度是 7.7 分，其余年份一直在 8 分以上，整体达到“良”的水平；而金融风险效应条件成熟度除2004年是8.6分以外，其余年份都超过9分，2007年更是达到9.7分，评价已接近"优"的水平。由此我们认为，随着资本账户开放程度的提高，我国资本账户开放能对经济增长产生较大的促进作用，同时对金融风险也能产生有效的抑制作用。

5.3.2 资本账户各子领域开放条件成熟度的估计

下面根据前文对资本账户开放门槛效应模型的估计，分别对资本账户各子领域开放初始条件成熟度进行评估（见表5-5、表5-6、表5-7、表5-8、表5-9和表5-10）。

表5-5 资本账户开放初始条件评估系统（外商直接投资开放）

单位：分

初始条件			2002年	2004年	2005年	2007年	2009年	2011年	2013年
经济增长		金融发展	10	10	10	10	10	10	10
		制度质量	10	10	10	10	10	10	10
		贸易开放	6	6	6	6	6	6	6
	宏观经济政策	政府支出占GDP比重	6	6	6	6	6	6	6
		外汇储备占GDP比重	—	—	—	—	—	—	—
		汇率制度	10	10	10	10	10	10	10
		通货膨胀	10	10	10	10	8	10	10
经济增长效应条件成熟度			8.7	8.7	8.7	8.7	8.3	8.7	8.7
金融风险		金融发展	8	8	8	8	8	8	8
		制度质量	10	10	10	10	10	10	10
		贸易开放	4	4	4	4	4	4	4
	宏观经济政策	政府支出占GDP比重	8	8	10	10	10	10	10
		外汇储备占GDP比重	10	10	10	10	10	10	10
		汇率制度	10	10	10	10	10	10	10
		通货膨胀	10	10	10	10	10	10	10
金融风险效应条件成熟度			8.6	8.6	8.9	8.9	8.9	8.9	8.9
综合效应开放成熟度			8.65	8.65	8.8	8.8	8.6	8.8	8.8

从外商直接投资初始条件成熟度情况看，从2002—2013年，外商直接投资开放经济增长效应条件成熟度除2009年为8.3分外，其余年份都达到8.7分，超出评价为“良”的水平，接近评价为“优”的水平；而金融风险效应条件成熟度在2002年和2004年为8.6分，其余年份都达到8.9分，接近评价为“优”的水平。综合效应开放成熟度各年份相差不大，均超过8.6分。因此，我国放开外商直接投资限制之后，外商直接投资对国内经济增长产生良好的促进作用，并且能有效地抑制风险，该项条件已然成熟。

表5-6 资本账户开放初始条件评估系统（对外直接投资开放）

单位：分

初始条件			2002年	2004年	2005年	2007年	2009年	2011年	2013年
经济增长		金融发展	10	10	10	10	10	10	10
		制度质量	6	6	6	6	6	6	6
		贸易开放	—	—	—	—	—	—	—
	宏观经济政策	政府支出占GDP比重	—	—	—	—	—	—	—
		外汇储备占GDP比重	—	—	—	—	—	—	—
		汇率制度	—	—	—	—	—	—	—
		通货膨胀	—	—	—	—	—	—	—
经济增长效应条件成熟度			9	9	9	9	9	9	9
金融风险		金融发展	10	10	10	10	10	10	10
		制度质量	4	4	4	4	4	4	4
		贸易开放	4	4	4	4	4	4	4
	宏观经济政策	政府支出占GDP比重	4	4	6	6	6	6	6
		外汇储备占GDP比重	10	10	10	10	10	10	10
		汇率制度	10	10	10	10	10	10	10
		通货膨胀	6	6	6	6	6	6	6
金融风险效应条件成熟度			7.1	7.1	7.4	7.4	7.4	7.4	7.4
综合效应开放成熟度			8.05	8.05	8.2	8.2	8.2	8.2	8.2

从对外直接投资开放初始条件成熟度评估的结果看，2002—2013年，我国对外直接投资开放经济增长效应条件成熟度为9分，整体评价达到“优”的水平；但是金融风险效应条件成熟度在2002—2013年整个样本时间范围内

均没有超过8分，整体水平没有达到“优”的水平。相应的综合效应开放成熟度虽然达到“良”的水平，但由于金融风险效应评估得分不高，这样贸然开放对外直接投资，虽然会促进经济的增长，但也有可能会造成资本大量外逃，给国内经济建设造成强大的负面冲击，增加金融风险发生的概率。

表5-7　资本账户开放初始条件评估系统（对内证券投资开放）

单位：分

<table>
<tr><th colspan="3">初始条件</th><th>2002年</th><th>2004年</th><th>2005年</th><th>2007年</th><th>2009年</th><th>2011年</th><th>2013年</th></tr>
<tr><td rowspan="7">经济增长</td><td colspan="2">金融发展</td><td>10</td><td>10</td><td>10</td><td>10</td><td>10</td><td>10</td><td>10</td></tr>
<tr><td colspan="2">制度质量</td><td>—</td><td>—</td><td>—</td><td>—</td><td>—</td><td>—</td><td>—</td></tr>
<tr><td colspan="2">贸易开放</td><td>—</td><td>—</td><td>—</td><td>—</td><td>—</td><td>—</td><td>—</td></tr>
<tr><td rowspan="4">宏观经济政策</td><td>政府支出占GDP比重</td><td>—</td><td>—</td><td>—</td><td>—</td><td>—</td><td>—</td><td>—</td></tr>
<tr><td>外汇储备占GDP比重</td><td>—</td><td>—</td><td>—</td><td>—</td><td>—</td><td>—</td><td>—</td></tr>
<tr><td>汇率制度</td><td>10</td><td>10</td><td>10</td><td>10</td><td>10</td><td>10</td><td>10</td></tr>
<tr><td>通货膨胀</td><td>—</td><td>—</td><td>—</td><td>—</td><td>—</td><td>—</td><td>—</td></tr>
<tr><td colspan="3">经济增长效应条件成熟度</td><td>10</td><td>10</td><td>10</td><td>10</td><td>10</td><td>10</td><td>10</td></tr>
<tr><td rowspan="7">金融风险</td><td colspan="2">金融发展</td><td>10</td><td>10</td><td>10</td><td>10</td><td>10</td><td>10</td><td>10</td></tr>
<tr><td colspan="2">制度质量</td><td>4</td><td>4</td><td>4</td><td>4</td><td>4</td><td>4</td><td>4</td></tr>
<tr><td colspan="2">贸易开放</td><td>4</td><td>4</td><td>4</td><td>4</td><td>4</td><td>4</td><td>4</td></tr>
<tr><td rowspan="4">宏观经济政策</td><td>政府支出占GDP比重</td><td>4</td><td>4</td><td>8</td><td>8</td><td>8</td><td>8</td><td>8</td></tr>
<tr><td>外汇储备占GDP比重</td><td>10</td><td>10</td><td>10</td><td>10</td><td>10</td><td>10</td><td>10</td></tr>
<tr><td>汇率制度</td><td>4</td><td>4</td><td>4</td><td>4</td><td>4</td><td>4</td><td>4</td></tr>
<tr><td>通货膨胀</td><td>4</td><td>4</td><td>4</td><td>4</td><td>4</td><td>4</td><td>4</td></tr>
<tr><td colspan="3">金融风险效应条件成熟度</td><td>5.7</td><td>5.7</td><td>6.3</td><td>6.3</td><td>6.3</td><td>6.3</td><td>6.3</td></tr>
<tr><td colspan="3">综合效应开放成熟度</td><td>7.85</td><td>7.85</td><td>8.15</td><td>8.15</td><td>8.15</td><td>8.15</td><td>8.15</td></tr>
</table>

从对内证券投资开放初始条件成熟度来看，在整个样本时间范围内，对内证券投资的流入引起的经济增长效应条件成熟度指标一直是10分，这很大程度上是由于部分数据的缺失引起子项目指标无法测算；此外金融风险效应条件成熟度一直低于7分，在2002年和2004年甚至低于6分，没有达到评价为“中”的水平；而综合效应开放成熟度在2005—2013年都超过8分，达到评价为“良”的水平。因此，虽然我国在2005年后开放对内证券投资对经济增长

产生很强的促进作用，但是制度不健全以及金融体系发展不完善，我们对待对内证券投资开放要审慎才行。

表 5-8　资本账户开放初始条件评估系统（对外证券投资开放）

单位：分

初始条件			2002年	2004年	2005年	2007年	2009年	2011年	2013年
经济增长		金融发展	10	10	10	10	10	10	10
		制度质量	—	—	—	—	—	—	—
		贸易开放	—	—	—	—	—	—	—
	宏观经济政策	政府支出占 GDP 比重	—	—	—	—	—	—	—
		外汇储备占 GDP 比重	—	—	—	—	—	—	—
		汇率制度	—	—	—	—	—	—	—
		通货膨胀	8	8	8	8	8	8	8
经济增长效应条件成熟度			9	9	9	9	9	9	9
金融风险		金融发展	10	10	10	10	10	10	10
		制度质量	10	10	10	10	10	10	10
		贸易开放	8	8	8	8	8	8	8
	宏观经济政策	政府支出占 GDP 比重	4	4	6	6	6	6	6
		外汇储备占 GDP 比重	8	8	8	8	8	8	8
		汇率制度	10	10	10	10	10	10	10
		通货膨胀	6	6	6	6	6	6	6
金融风险效应条件成熟度			8	8	8.3	8.3	8.3	8.3	8.3
综合效应开放成熟度			8.5	8.5	8.65	8.65	8.65	8.65	8.65

从对外证券投资开放初始条件成熟度来看，对外证券投资引起的经济增长效应条件成熟度在 2002—2013 年为 9 分，接近评价为“优”的水平，但这同样可能是部分指标未测算出所导致的；而金融风险效应条件成熟度在 2002 年和 2004 年为 8 分，在 2005—2013 年为 8.3 分，都已达到评价为“良”的水平。综合效应开放成熟度在 2002 和 2004 年为 8.5 分，在 2005 年以后为 8.65 分，都已达到评价为“良”的水平。因此，我国放开对外证券投资的条件比较成熟，放开对外证券投资对促进经济增长和抑制金融风险都有较强的作用。

表 5-9　资本账户开放初始条件评估系统（对内债务投资开放）

单位：分

初始条件			2002年	2004年	2005年	2007年	2009年	2011年	2013年
经济增长		金融发展	6	6	6	6	6	6	6
		制度质量	6	6	6	6	6	6	6
		贸易开放	6	6	6	6	6	6	6
	宏观经济政策	政府支出占 GDP 比重	6	6	6	6	6	6	6
		外汇储备占 GDP 比重	8	8	8	8	8	8	8
		汇率制度	—	—	—	—	—	—	—
		通货膨胀	—	—	—	—	—	—	—
经济增长效应条件成熟度			4.6	4.6	4.6	4.6	4.6	4.6	4.6
金融风险		金融发展	6	6	6	6	6	6	6
		制度质量	10	10	10	10	10	10	10
		贸易开放	6	6	6	6	6	6	6
	宏观经济政策	政府支出占 GDP 比重	4	4	10	10	10	10	10
		外汇储备占 GDP 比重	10	10	10	10	10	10	10
		汇率制度	10	10	10	10	10	10	10
		通货膨胀	10	10	10	10	10	10	10
金融风险效应条件成熟度			8	8	8.9	8.9	8.9	8.9	8.9
综合效应开放成熟度			6.3	6.3	6.75	6.75	6.75	6.75	6.75

从对内债务投资初始条件成熟度看，在 2002—2013 年整个样本时间范围内，对内债务投资开放的经济增长效应条件成熟度都没有超过 5 分。我国的金融制度不完善，地方债务风险较大，政府支出占比过高导致了该指标处于评价为“差”的水平；而金融风险效应条件成熟度在 2002 年和 2004 年为 8 分，在 2005—2013 年为 8.9 分，处于评价为“优”的水平上，表明我国控制金融风险的水平较高；综合效应开放成熟度一直未超过 7 分，几乎都在 6.5 分左右，接近评价为“中”的水平。债务资本流入对经济增长的作用一般，开放对内债务投资容易引起政府投资水平降低，拉动国内经济增长的能力下降。因而虽然开放对内债务投资不会引起较大的风险，但我们在对待是否开放对内债务投资方面还是要审慎决策。

表 5-10 资本账户开放初始条件评估系统（对外债务投资开放）

单位：分

<table>
<tr><th colspan="3">初始条件</th><th>2002年</th><th>2004年</th><th>2005年</th><th>2007年</th><th>2009年</th><th>2011年</th><th>2013年</th></tr>
<tr><td rowspan="7">经济增长</td><td colspan="2">金融发展</td><td>10</td><td>10</td><td>10</td><td>10</td><td>10</td><td>10</td><td>10</td></tr>
<tr><td colspan="2">制度质量</td><td>8</td><td>8</td><td>8</td><td>8</td><td>8</td><td>8</td><td>8</td></tr>
<tr><td colspan="2">贸易开放</td><td>6</td><td>6</td><td>6</td><td>6</td><td>6</td><td>6</td><td>6</td></tr>
<tr><td rowspan="4">宏观经济政策</td><td>政府支出占 GDP 比重</td><td>6</td><td>6</td><td>6</td><td>6</td><td>6</td><td>6</td><td>6</td></tr>
<tr><td>外汇储备占 GDP 比重</td><td>—</td><td>—</td><td>—</td><td>—</td><td>—</td><td>—</td><td>—</td></tr>
<tr><td>汇率制度</td><td>10</td><td>10</td><td>10</td><td>10</td><td>10</td><td>10</td><td>10</td></tr>
<tr><td>通货膨胀</td><td>8</td><td>8</td><td>8</td><td>8</td><td>8</td><td>8</td><td>8</td></tr>
<tr><td colspan="3">经济增长效应条件成熟度</td><td>8</td><td>8</td><td>8</td><td>8</td><td>8</td><td>8</td><td>8</td></tr>
<tr><td rowspan="7">金融风险</td><td colspan="2">金融发展</td><td>10</td><td>10</td><td>10</td><td>10</td><td>10</td><td>10</td><td>10</td></tr>
<tr><td colspan="2">制度质量</td><td>4</td><td>4</td><td>4</td><td>4</td><td>4</td><td>4</td><td>4</td></tr>
<tr><td colspan="2">贸易开放</td><td>6</td><td>6</td><td>6</td><td>6</td><td>6</td><td>6</td><td>6</td></tr>
<tr><td rowspan="4">宏观经济政策</td><td>政府支出占 GDP 比重</td><td>4</td><td>4</td><td>4</td><td>4</td><td>10</td><td>10</td><td>10</td></tr>
<tr><td>外汇储备占 GDP 比重</td><td>10</td><td>10</td><td>10</td><td>10</td><td>10</td><td>10</td><td>10</td></tr>
<tr><td>汇率制度</td><td>10</td><td>10</td><td>10</td><td>10</td><td>10</td><td>10</td><td>10</td></tr>
<tr><td>通货膨胀</td><td>6</td><td>6</td><td>6</td><td>6</td><td>6</td><td>6</td><td>6</td></tr>
<tr><td colspan="3">金融风险效应条件成熟度</td><td>7.1</td><td>7.1</td><td>8</td><td>8</td><td>8</td><td>8</td><td>8</td></tr>
<tr><td colspan="3">综合效应开放成熟度</td><td>7.55</td><td>7.55</td><td>8</td><td>8</td><td>8</td><td>8</td><td>8</td></tr>
</table>

从对外债务投资开放初始条件成熟度来看，对外债务投资开放的经济增长效应条件成熟度在 2002—2013 年整个样本时间范围内一直为 8 分，达到“良”的水平；而对外债务投资开放的金融风险效应条件成熟度这一指标在 2002 年和 2004 年为 7.1 分，未达到评估为“良”的水平，但在 2005—2013 年为 8 分，刚好达到评估为“良”的水平；相应的综合效应开放成熟度在 2002 年和 2004 年为 7.55 分，在 2005—2013 年为 8 分，整体上处于接近“良”的水平范畴。因此，2002 年以后我国放开对外债务投资的条件较为成熟，它对经济增长有较强的促进作用，同时对金融风险的抑制作用也较为明显。

5.4 本章小结

资本账户开放是一把“双刃剑”：一方面是正向效应，表现为资本账户开放可以直接或间接地促进经济增长；另一方面是负向效应，主要表现在一国在不满足条件的情况下放开资本账户会让本就脆弱的国内经济金融风险体系更加充满不确定性，严重时会导致金融风险或金融危机的爆发。一国资本账户开放策略的核心问题是“趋利避害”，开放资本账户的最终目标是获得综合收益的最大化。因而开放决策的核心关注点是根据初始条件的变化，动态择机安排与初始条件相符的开放次序和开放尺度。本章通过引入信号分析法，构建资本账户整体和各子领域的开放条件成熟度模型，在结合中国各初始条件发展实际状况的条件下提出，我国有序推进资本账户开放，不断扩大资本账户开放水平，在总体上能有效促进经济增长，并且可以合理把控风险。在分析资本账户子领域成熟度时，本书认为中国放开外商直接投资的条件较为成熟，积极吸引外资不仅能够促进国内经济持续增长，对我国产业转型升级也有较大的帮助，也不会使我国产生大的金融风险；而由于国内制度、法律法规的不健全会增加金融风险的概率，因此放开对外直接投资虽然会对经济增长产生促进作用，但是目前还是应该进行必要的有效管制；放开对内证券投资对经济增长具有很强的促进作用，但放开对内证券投资不能对金融风险起到很好的抑制作用，反而加大了金融的脆弱性；放开对外证券投资的条件比较成熟，放开对外证券投资对促进经济增长和抑制金融风险都有较强的作用；放开对内债务投资对经济增长的作用不明显，反而容易冲击脆弱的地方债务体系，虽然不会引起较大的金融风险，但也应该在宏观上审慎管理并进行必要的限制；放开对外债务投资不仅对经济增长起到促进作用，而且对金融风险也能起到明显的抑制作用。

6 资本账户开放的跨境资本流动效应

本书前两章内容主要探讨了一国国内经济金融初始条件状况对资本账户开放经济增长效应和金融风险效应的影响的门槛机制，分析了一国初始条件状况如何影响到资本账户开放的综合效应，回答了在资本账户开放综合效应最大化的目标下，资本账户“何时开放”以及“如何开放”的问题。本章将继续就资本账户开放问题展开进一步研究，探讨资本账户开放“会带来什么”的问题，也就是说，本章将试图回答资本账户开放会产生什么效应的问题。

资本账户开放最为直观和最为直接的效应是跨境资本流动。当一国开放资本账户就意味着该国将国内诸多国际资本流进流出的限制予以解除，从而使得国际资本可以在该国自由流进和流出。根据传统经济学原理，资本账户开放后当两国之间资本回报率存在差异时，资本便在国家之间流动，这是由资本的逐利性本质决定的。可以说，资本的逐利性本质是资本账户开放跨境资本流动的最根本动力。本章将在非线性分析框架下，探讨全球52个国家和地区资本账户开放的跨境资本流动效应，并结合金融发展水平考察两者之间关系的渐进演变，同时，更进一步地比较和分析资本账户开放的跨境资本流动效应在新兴经济体和发达经济体中存在的差异。

6.1 研究问题

20世纪90年代，全球金融市场逐步开放，国际资本跨境流动规模迅速增大（IMF，2011）。新兴经济体也在发达国家掀起的金融开放浪潮中推进资本账户开放，引入国际资本。资本账户开放在给新兴经济体带来境外流动性的同时，也加剧了新兴经济体境内资产价格和汇率的波动。可以说，国际资本跨境流动是资本账户开放最直接和最直观的效应，也是将世界经济波动和金融危机传导至一国国内的重要渠道。资本账户中直接投资类项目和股本证券类项目的开放会直接引致外商直接投资、对外直接投资、对内证券投资和对外证券投资四类跨境资本的流动。表6-1中的统计数据显示，资本账户开放程度越高的国家，这四类跨境资本流动的规模也越大。具体来看，代表发达经济体的七国集团（G7）资本账户开放程度显著地高于代表新兴经济体的新兴11国（E11）；G7国家外商直接投资占GDP比重的平均值为53.40%，而该数值在E11国家中仅为30.70%；对外直接投资占GDP比重的平均值在G7国家中为42.8%，而在E11国家中仅为5.10%；对内证券投资和对外证券投资占GDP比重的平均值在G7国家中分别为65.10%和71.60%，远远地高于E11国家的15.2%和6.3%。

表6-1　2002—2015年全球主要经济体的跨境资本流动状况

经济体	资本账户开放指数	跨境资本流动			
		外商直接投资占GDP比重/%	对外直接投资占GDP比重/%	对内证券投资占GDP比重/%	对外证券投资占GDP比重/%
美国	2.374 4	16.50	22.70	58.40	34.00
欧盟	1.775 4	48.70	33.60	65.40	62.40
中国	-1.194 7	23.10	3.90	3.80	6.20
巴西	-0.021 8	23.80	9.90	29.80	1.40
G7	2.374 4	53.40	42.80	65.10	71.60
E11	-0.155 2	30.70	5.10	15.20	6.30
全球	0.365 7	44.50	27.70	42.70	44.50

数据来源：作者根据CEIC和IFS数据计算得到，各变量数值均为占GDP比重值。其中，G7为七国集团成员国（美国、英国、德国、法国、日本、意大利、加拿大）；E11为二十国集团中的新兴经济体（中国、俄罗斯、印度、南非、阿根廷、沙特阿拉伯、韩国、印度尼西亚、巴西、土耳其和墨西哥）；资本账户开放指数为基于Chinn-Ito指数（2015）计算出的2002—2015年平均值。

事实上，除规模上的差异之外，新兴经济体与发达经济体的跨境资本流动也呈现出不同的特征。根据IMF发布的2013年的研究报告，新兴经济体跨境资本流动净流入规模呈现出明显的周期性，而发达经济体跨境资本净流入规模波动较小。由此可见，资本账户开放在新兴经济体和发达经济体之间存在较为明显的跨境资本流动效应差别，即资本账户开放的跨境资本流动在新兴经济体和发达经济体具有不同的效应。Blanchard 等（2016）、Mendoza 等（2009）、Park 等（2012）、赵新泉和刘文革（2016）的研究表明，金融发展可以对跨境资本流动产生显著影响，跨境资本流动的规模和波动幅度会受境内金融市场发展程度和金融体制改革力度的影响。为此，本章将通过构建资本账户开放跨境资本流动效应的非线性模型，从金融发展这一初始条件异质性的视角来分析资本账户中直接投资和股本证券类项目开放所引致的跨境资本流动效应，并在此基础上比较和分析新兴经济体与发达经济体跨境资本流动差异的内在机理。

本章的边际贡献主要体现为两个方面：一是结合开放国初始条件中的金融发展异质性，运用面板平滑转换回归模型分析资本账户开放与跨境资本流动之间非线性关系的渐进演变；二是比较和分析新兴经济体与发达经济体资本账户开放跨境资本流动效应的差异。本章余下部分的结构安排是：首先，从理论上分析金融发展异质性与资本账户开放跨境资本流动效应之间的非线性关系，为本章理论假说的提出奠定理论基础；其次，介绍面板平滑转变模型（PSTR）及其检验方法，并对实证分析的数据进行说明；再次，对实证分析结果进行分析，估计金融发展异质性对资本账户开放后的跨境资本流动状况带来的影响；最后，做出本章小结。

6.2 理论假说的提出

一国国内金融发展初始条件状况会对资本账户开放后跨境资本流入的规模和结构造成影响（Bekaert et al.，2005；Hammel，2006；张鹏 等，2011）。一国金融发展水平越高，其境内金融部门发展越充分且富有效率，对境内资本具有越高的吸引力；同时，该国国内生产率的提高将进一步地鼓励资本投资和消费支出的增加，从而会带动更多跨境资本的流入。相反，一国金融发展水平偏低，常常与该国经济发展中存在较高的不确定性因素相关，经济发展中不确定性因素越多则该国国内资本投资回报率越没有显著优势，这使得国内金融发展水平越低的国家对国际资本的吸引力越小，该国资本账户开放后的跨境资本流入规模也就越小。此外，当一国金融发展水平偏低，其境内金融市场提供较高安全性和流动性金融产品的能力就偏弱，在这种情况下，当该国国内居民收入增长时，投资选择就相对较少，此时该国储蓄率往往会增加，资本账户开放后过剩的储蓄往往会流向具有高质量金融资本的发达国家，从而形成跨境资本流动。金融市场发展得越好，投资收益和空间也越多，这也会吸引越多的股本投资流入境内，增加跨境资本流动规模（Lane et al.，2001）。发达国家往往具备较为完善的金融体系，在金融工具多样性和金融创新方面具有较大的优势，因此，一国国内金融市场发展程度越好的国家越能够吸引更多的境外股权资本，从而形成跨境资本流动（IMF，2006）。为此，本书提出理论假说6.1。

理论假说6.1：一国国内金融发展水平会对资本账户开放的跨境资本流动效应产生显著影响。

资本账户开放进程中，跨境资本流动效应与一国国内金融发展水平相关（Bayoumi et al.，2013）。当一国国内金融发展处于较低水平时，则该国国内的信贷市场较不完善，这使得该国国内的社会生产资源分配效率处于较低水平，此时，该国国内利率水平会高于世界水平，这意味着国际资本的融资成本低于国内资本。当资本账户开放后，该国国内流动性需求者会向成本更低的海外市场借取资金，由此引发跨境资本流动。当一国国内金融发展处于中等水平时，社会生产资源处于次效率状态，高效率企业依然会面临部分信贷约束，这会使社会中的高效率企业的生产效率和投资收益率趋于下降；而国内利率水平是由国内平均收益率决定的，国内利率水平会低于世界水平，在资本账户开放条件下国内投资资本会追求更大收益而流向国外，由此形成跨境资本流动。当一国国内金融发展水平较高时，社会生产资源配置达到最优，此时该国国内资本的投资回报率会超过国际资本的投资回报率水平；由于利率水平是由边际资本收益率决定的，此时，该国国内利率水平也会高于世界水平，资本账户开放后在资本趋利性的本质下国际资本会流向国内市场从而形成跨境资本流动（Bhagwati et al.，2010）。此外，由非平抛利率曲线理论同样可以得出，资本账户开放后，在国内利率水平和世界利率水平存在差异的条件下，资本会向利率水平更高的方向流动，形成跨境资本流动，且流动幅度与资本账户开放程度相关；当该国国内短期利率波动时，资本账户开放的跨境资本流动存在结构性和区制转移的非线性特征（Kalimipalli et al.，2004；郑挺国 等，2011）。为此，本书提出理论假说6.2。

理论假说6.2：金融发展与资本账户开放的跨境资本流动效应之间存在非线性关系。

6.3 模型与方法

为对上述理论假说进行实证说明，本节构建资本账户开放的跨境资本流动非线性模型，用以分析资本账户开放与跨境资本流动之间的非线性关系。接下来，本节将首先对资本账户开放的跨境资本流动非线性模型进行介绍，其次介绍模型的估计方法，最后对实证分析的数据进行说明。

6.3.1 模型设定

根据无抛补利率平价理论，利差和资本账户开放是跨境资本流动的最直接因素。同时，通过前文对文献的梳理可以发现，一些国内经济基本面因素，如GDP增长率、投资回报率、贸易水平等也都是影响跨境资本流动的重要因素。Balasubramanyam 等（1996）、Hausmann 等（2000）认为一国国内金融发展水平越高，资本账户开放对该国跨境资本流动规模的影响效应就越大。因此，本书将金融发展指标设定为资本账户开放跨境资本流动效应模型的门槛变量，具体形式如下：

$$\left(\frac{FlowType}{GDP}\right)_{it} = \alpha_i + \beta_1 Cal_{it} + \beta_2 Cal_{it} g(Findev_{it};\ \gamma,\ c) + \beta_3 Interest_{it} + \beta_4 Controls_{it} + \mu_{it}$$

其中，$FlowType$ 为跨境资本流动的规模；Cal_{it} 为本国资本账户开放程度；$Findev_{it}$ 为本国金融发展指标；$Interest_{it}$ 表示本国与美国直接的净利息率差；$Controls_{it}$ 表示一些对跨境资本流动有影响的国内经济基本面因素，本书主要选取本国上市公司总市值与名义GDP之比、进出口贸易总额与名义GDP之比、人均实际GDP、国民储蓄率等指标。

6.3.2 估计方法

上述资本账户开放的跨境资本流动效应模型是在面板平滑转换回归模型的基本形式上拓展得到的，因此对该模型进行估计的方法也是以面板平滑转换回归模型的估计方法为基础并加以应用的。

传统线性面板模型通常无法准确地分析模型中解释变量和被解释变量之间关系的个体差异性。Hansen（1999）引入门槛变量 q_{it} 和转换函数，构建了面板门槛回归模型（PTR）：

$$y_{it} = \alpha_i + \beta_0' x_{it} I(q_{it} \leqslant c) + \beta_1' x_{it} I(q_{it} > c) + \mu_{it} \tag{6.1}$$

此时，转换函数是一个示性函数。门槛回归模型根据门槛变量 q_{it} 与临界值 c 之间的大小将样本观测值分为两类，不同类别的解释变量 x_{it} 对被解释变量 y_{it} 的影响也是不同的。但门槛回归模型也具有一定的局限性，解释变量 x_{it} 的回归系数只能为 β_0' 或 β_1'，回归系数的变化是跳跃的。为解决这一局限，

Gonzalez 等（2005）在门槛回归模型的基础上，将转换函数设定为 Logistic 函数形式，构造面板平滑转换回归模型（PSTR），具体形式如式（6.2）所示：

$$y_{it} = \alpha_i + \beta_0' x_{it} + \beta_1' x_{it} g(q_{it};\ \gamma,\ c) + \mu_{it} \tag{6.2}$$

$$g(q_{it};\ \gamma,\ c) = \frac{1}{\left[1 + \exp\left(-\gamma \prod_{j=1}^{m} (q_{it} - c_j)\right)\right]},\ \gamma > 0,\ c_1 \leqslant c_2 \leqslant \cdots \leqslant c_m$$

其中，$g(q_{it};\ \gamma,\ c)$ 为转换函数；q_{it} 为门槛变量，且 $0 < q_{it} < 1$；γ 为平滑系数，决定了转换速度；c 为临界值，决定了转移发生的位置；m 为临界值数目。此时，转换函数 $g(q_{it};\ \gamma,\ c)$ 为连续函数，解释变量的回归系数 $\beta_0 + \beta_1 g(q_{it};\ \gamma,\ c)$ 相应地为连续函数，因此，回归系数可以在不同类别解释变量之间实现平滑、渐进的变化。可以看出，面板平滑转换回归模型主要由两部分组成，线性部分（$\alpha_i + \beta_0' x_{it}$）和非线性部［$\beta_1' x_{it} g(q_{it};\ \gamma,\ c)$］。线性部分是 PSTR 模型的第一区制（regime），每一个转换函数对应一个新的区制，如式（6.2）中包含一个转换函数，因此，式（6.2）是典型的二区制 PSTR 模型。

接下来，需要对面板平滑转换回归模型（PSTR）做线性检验和转换函数“最优”个数的确定。对 PSTR 模型做线性检验的主要目的在于考察模型设立得是否合理。线性检验就是要检验原假设：H_0：$\gamma = 0$。借鉴 Luukkonen 等的方法，对转移函数 $g(q_{it};\ \gamma,\ c)$ 进行 $\gamma = 0$ 处的一阶泰勒展开，可以得到线性辅助回归模型，具体如下：

$$y_{it} = \alpha_i + \beta'^{*}_{0} x_{it} + \beta'^{*}_{1} x_{it} q_{it} + \cdots + \beta'^{*}_{m} x_{it} q_{it}^{m} + \mu_{it}^{*} \tag{6.3}$$

其中，$\mu_{it}^{*} = \mu_{it} + R_m \beta_1^{*} x_{it}$，为扰动项，$R_m$ 是泰勒展开的余项；β'^{*}_{1}、β'^{*}_{2}，…，β'^{*}_{m} 中都包含乘子 γ。

因此，检验 H_0：$\gamma = 0$ 等价于检验 H_0^{*}：$\beta_1^{*} = \beta_2^{*} = \cdots = \beta_m^{*} = 0$。为检验原假设 H_0：$\gamma = 0$，构建 3 个检验统计量：

$$LM = TN(SSR_0 - SSR_1)/SSR_0 \tag{6.4}$$

$$LM_F = [(SSR_0 - SSR_1)/mk]/[SSR_1/(TN - N - mk)] \tag{6.5}$$

$$pseudo - LRT = -2[\log(SSR_{ur}/SSR_0)] \tag{6.6}$$

其中，SSR_0 是在原假设成立条件下的残差平方和；SSR_1 是在拒绝原假设条件下的残差平方和；SSR_{ur} 是在没有条件约束下的线性辅助函数的残差平方和。在三个统计量中，LM_F 遵循 $F(mk,\ TN - N - mk)$ 分布，LM 和 $pseudo - LRT$ 遵循 χ^2_{mk} 分布。若检验结果拒绝原假设，则 PSTR 模型的设立是合理的。在线性检验的基础上，还需要对 PSTR 模型进行“剩余非线性检验”。具体方法如下，我们假设至少存在 2 个转换函数，此时，PSTR 模型为

$$y_{it} = \alpha_i + \beta_0' x_{it} + \beta_1' x_{it} g(q_{it}^1;\ \gamma_1,\ c) + \beta_2' x_{it} g(q_{it}^2;\ \gamma_2,\ c) + \mu_{it} \tag{6.7}$$

同上述线性检验思路相同，我们首先需要检验原假设 H_0：$\gamma_2 = 0$，具体方法是对转移函数 $g(q_{it}^2;\ \gamma_2,\ c)$ 进行 $\gamma_2 = 0$ 处的一阶泰勒展开，并依此构造辅助回归模型。然后，我们同样运用 LM、LM_F 和 $pseudo - LRT$ 三个统计量来检验体制转换效应的显著性。如果结果为拒绝原假设 H_0，则说明存在两个转换函数是合理的。之后，我们将继续假设 H_0：$\gamma_3 = 0$，一阶泰勒展开构建辅助回归模型并运用 LM、LM_F 和 $pseudo - LRT$ 三个统计量检验。依此类推，直至无法拒绝原假设 H_0 为止，以确定模型中转换函数的最优个数。

6.3.3 变量与数据说明

本书实证分析的核心问题是资本账户开放与跨境资本流动之间的非线性关系，并比较和分析这种关系在新兴经济体和发达经济体之间的差异。在相关数据可获得的条件下，本书选取 2002—2015 年全球 52 个国家和地区作为模型实证检验分析的样本，其中包括 22 个发达经济体和 30 个新兴经济体①。

跨境资本流动作为模型分析的被解释变量，通常情况下可以分为国际长期资本流动和国际证券投资流动两大类，而本书为了更清晰地分析出跨境资本流动的方向，借鉴杨子晖等（2015）的方法将跨境资本流动具体划分为外商直接投资、对外直接投资、对外证券投资和对内证券投资四类，具体的量化过程是计算这四类跨境资本流动的规模占 GDP 的比重。

金融发展作为模型的门槛变量，大多数文献对金融发展的量化主要是通过广义货币占 GDP 的比重来实现的。但 Levine 等（2008）认为对许多发达经济体而言，其证券市场和债券市场都比较发达，流动性需求者通常可以通过证券市场或债券市场获得资本，从而降低了其对广义货币的需求。为更合理地量化金融发展指标，本书用广义货币 M2 和国内股票市值之和与 GDP 的比值来表示金融发展指数。如表 6-2 所示，样本区内各国（地区）金融发展均处于不断深化的过程中。其中，美国金融发展指数从 2002 年的 172.83 增长到 2015 年的 228.85；英国和法国金融发展指数也都在样本区内平缓增长，分别从 2002

① 在样本以及新兴经济体和发达经济体范围的选取上，本书借鉴张明等（2014）的研究，选取 22 个发达经济体（美国、日本、德国、加拿大、英国、法国、意大利、瑞士、瑞典、葡萄牙、西班牙、荷兰、丹麦、芬兰、爱尔兰、希腊、冰岛、以色列、新西兰、新加坡、韩国、中国香港）；30 个新兴经济体（中国、印度、俄罗斯、巴西、南非、印度尼西亚、马来西亚、菲律宾、泰国、挪威、波兰、罗马尼亚、土耳其、保加利亚、白俄罗斯、乌克兰、拉脱维亚、立陶宛、匈牙利、马其顿、摩洛哥、墨西哥、阿根廷、智利、秘鲁、哥伦比亚、伯利兹、玻利维亚、约旦、毛里求斯）。

年的 206.57 和 165.97 增长到 2015 年的 333.12 和 270.81；而中国香港和新兴经济体中的菲律宾的金融发展指数则都在样本区内增长了约 1 倍。从均值结果来看，发达经济体的金融发展指数显著地要高于新兴经济体。从金融发展指数的描述性统计结果中可以发现，金融发展的强度和速度在各经济体中呈现出一定的差异性。

表 6-2　金融发展指数描述性统计结果①

	国家和地区	2002 年	2005 年	2008 年	2011 年	2013 年	2015 年	均值
发达经济体	美国	172.83	201.99	163.3	188.57	233.34	228.85	204.529 3
	德国	273.53	331.83	242.05	289.36	377.33	512.44	342.07
	英国	206.57	239.75	226.7	266.34	287.45	333.12	264.157 9
	法国	165.97	194.17	186.19	208.37	233.06	270.81	213.317 9
	意大利	121.05	134.22	143.38	167.53	185.83	220.11	160.971 4
	日本	248.83	294.88	263.09	281.86	323.46	348.39	290.755 7
	加拿大	270	275.78	189.67	346.17	367.91	401.66	303.497 1
	中国香港	510.32	832.75	905.57	1 236.85	1 475.48	1 392.98	1 166.635
新兴经济体	印度尼西亚	63.54	71.83	57.67	80.43	77.07	80.4	77.052 86
	印度	86.54	130.76	132.68	134.09	139.48	151.15	145.302 9
	泰国	140.83	169.56	137.85	192.45	208.91	217.97	184.980 7
	土耳其	55.44	73.68	64.74	80.26	84.5	89.45	78.538 57
	毛里求斯	108.7	139.23	143.16	164.75	171.9	168.91	156.298 6
	南非	215.86	280.07	249.12	264.12	327.31	308.08	293.452 9
	菲律宾	79	89.02	89.3	133.6	149.75	155.97	119.661 4
	巴西	80	113.65	107.45	128.95	124.79	120.83	124.460 7

数据来源：EPS 全球宏观经济数据库和作者计算整理。

资本账户开放程度是本章面板平滑转换回归模型的核心变量，本章以 Chinn-Ito（2015）指数为资本账户开放程度的量化指标，具体数据来自 Chinn 的个人网站②。净利息率差是本国与美国利息率之差。除资本账户开放指标和净利息率差，模型中的解释变量还包括实际汇率、人均 GDP、国民储蓄率以

① 限于篇幅，本书只选取部分国家和地区的部分年份的金融发展指数进行制表，如果读者对全部国家和地区全部年份的数据感兴趣，可向笔者索取。

② 网址为 http://web.pdx.edu/~ito/Chinn-Ito_website.htm.

及进出口贸易总额与GDP比值等变量。表6-3对本章实证分析模型中的各变量数据进行了描述性统计。

表6-3　模型中各变量的描述性统计

变量	均值	标准差	最小值	最大值
外商直接投资	54.48%	0.49	0.42%	557.61%
对外直接投资	37.67%	0.46	-2.18%	487.91%
对外证券投资	54.48%	0.5	0	329.19%
对内证券投资	52.74%	0.62	0	406.21%
金融发展指数	258.08%	111.71%	5.88%	1 392.98%
资本账户开放程度	1.29	1.35	-1.91	2.47
净利息率差	2.9	16.02	-11.51	149.2
贸易开放度	74.04%	0.65	17.31%	395.59%
人均GDP	24 038	23 646	473	232 550
国民储蓄率	23.98%	0.11	-8.71%	59.58%

数据来源：世界银行、LMF、LFS和CEIC数据库以及笔者计算整理。

模型中各变量的描述性统计如表6-3所示，从均值中可以看出，四类跨境资本流动规模占GDP比重的均值均超过了37%，这也从侧面反映出跨境资本流动规模的变动会对经济波动造成一定的影响，我们有必要对跨境资本流动进行较为深入的研究。同时，可以发现，外商直接投资与对外直接投资占GDP比重的均值差别较大，而对外证券投资和对内证券投资占GDP比重的均值差别较小，这意味着相较于直接投资而言，证券投资跨境流动更为均衡。

6.4　实证结果与分析

6.4.1　模型诊断检验

金融发展会给资本账户开放后的跨境资本流动状况带来显著影响，样本区内各国（地区）金融发展的变化会导致资本账户与跨境资本流动状况之间存在一定的非线性关系。有鉴于此，本书在非线性框架下构建面板平滑转换模型（PSTR）对资本账户开放的跨境资本流动效应展开实证分析。

在对面板平滑转换模型（PSTR）进行系数估计之前，需要对模型的设定进行检验，以构建最优的非线性回归模型。对模型设定的检验主要包括三个方面：一是对转换函数形式设定的检验，即转换函数中临界值个数的确定，以保证非线性模型最优的 Logistic 转换曲线；二是线性检验，验证模型的非线性设定是否合理，这是 PSTR 模型设定的最重要前提；三是剩余非线性检验，在非线性设定合理的基础上需要对模型进行剩余非线性检验，以确定模型中转换函数的最优个数。

（1）转换函数形式设定的检验。本书借鉴 Granger 等（1993）的方法，采用 AIC 和 BIC 准则来确定模型中转换函数的临界值个数。表 6-4 的检验结果显示，四类跨境资本流动的非线性模型中转换函数的最优临界值个数均为 1。

表 6-4　模型中转换函数最优临界值个数的确定

模型	外商直接投资		对外直接投资		对内证券投资		对外证券投资	
	m=1	m=2	m=1	m=2	m=1	m=2	m=1	m=2
转换函数个数	1	2	1	2	1	2	1	2
AIC	6.594	7.531	6.312	7.412	6.173	7.854	7.174	7.985
BIC	6.655	7.517	6.465	7.471	7.135	7.915	7.235	7.996

（2）线性检验与剩余非线性检验。为了保证检验结果的稳健性，本章采用了 LM、LM_F 和 $pseudo-LRT$ 三个统计量来检验模型转换效应的显著性，具体检验结果如表 6-5 所示。从表 6-5 中的三个统计量检验结果可以看出，基于四类不同跨境资本流动的非线性模型中的 LM 统计量、LM_F 统计量和 $pseudo-LRT$ 统计量均拒绝原假设，说明本章构建的基于外商直接投资、对外直接投资、对外证券投资和对内证券投资四类不同跨境资本流动的资本账户开放非线性模型具有一定的合理性。也就是说，受国内金融发展初始条件的影响，资本账户开放与四大类跨境资本流动规模之间存在显著的非线性效应。接下来，本章继续在线性检验的基础上展开剩余非线性检验，来确定非线性模型中设置转换函数的最优个数，具体检验结果见表 6-5。从表 6-5 的检验结果我们可以看出，在 5%的显著性水平上，基于四种不同跨境资本流动类型的资本账户开放非线性模型的最优转换函数设置个数均为 1。

表 6-5 线性检验与剩余非线性检验结果

模型	假设条件	LM_F		LM		$pseudo - LRT$	
		m=1	m=2	m=1	m=2	m=1	m=2
外商直接投资	H_0: $\gamma = 0 / H_1$: $\gamma = 1$	128.724***	60.563***	119.818***	529.662***	115.302***	163.192***
		(0.000)	(0.000)	(0.000)	(0.000)	(0.000)	(0.000)
	H_0: $\gamma = 1 / H_1$: $\gamma = 2$	3.234 2	2.994	3.616	3.256	0.022	0.087
		(0.001 2)	(0.062)	(0.072)	(0.076)	(0.927)	(0.872)
对外直接投资	H_0: $\gamma = 0 / H_1$: $\gamma = 1$	146.061***	35.425***	125.219***	571.292***	198.778***	101.441***
		(0.000)	(0.000)	(0.000)	(0.000)	(0.000)	(0.000)
	H_0: $\gamma = 1 / H_1$: $\gamma = 2$	2.947	1.172	2.798	2.755	0.035	0.004
		(0.098)	(0.425)	(0.112)	(0.115)	(0.988)	(0.962)
对内证券投资	H_0: $\gamma = 0 / H_1$: $\gamma = 1$	9.354***	21.112***	19.996***	598.063***	48.011***	63.053***
		(0.000)	(0.000)	(0.000)	(0.000)	(0.000)	(0.000)
	H_0: $\gamma = 1 / H_1$: $\gamma = 2$	3.138	3.507	3.599	3.722	0.075	0.029
		(0.093)	(0.042)	(0.073)	(0.068)	(0.911)	(0.904)
对外证券投资	H_0: $\gamma = 0 / H_1$: $\gamma = 1$	32.098***	42.239***	33.796***	597.571***	135.453***	119.578***
		(0.000)	(0.000)	(0.000)	(0.000)	(0.000)	(0.000)
	H_0: $\gamma = 1 / H_1$: $\gamma = 2$	1.686	1.371	1.828	2.979	0.005	0.004
		(0.073)	(0.395)	(0.211)	(0.089)	(0.961)	(0.967)

注：括号内为统计量的 P 值；*、** 和 *** 分别表示在 10%、5%和 1%显著性水平上通过检验。

6.4.2 非线性模型的参数估计

通过上文对非线性模型设定的检验结果我们可以看出，本章在非线性框架下展开的资本账户开放的跨境资本流动效应的实证分析具有一定的合理性。为此，本节将继续对上述非线性模型中的参数进行估计。借鉴 Gonzalez 等(2005)、杨子晖等（2011，2015）的方法，本章采用最小二乘法对上述非线性模型中的参数进行估计。具体原理是在模型残差平方和最小的原则下通过格点法搜索并计算出最小参数估计值，然后将其设置为非线性模型的最优算法初始参数，在保证模型参数收敛的基础上对模型进行估计。具体估计结果见表 6-6。

表 6-6 PSTR 模型参数估计结果

模型	外商直接投资	对外直接投资	对内证券投资	对外证券投资
斜率参数 γ	0.462***	0.163***	0.171***	0.219***
	(0.027)	(0.007)	(0.004)	(0.004)
位置参数 c	247.055***	139.501***	139.402***	135.727***
	(0.002)	(0.557)	(0.201)	(0.143)
资本账户开放程度	2.966***	-1.086***	-2.619**	2.697**
	(0.872)	(0.089)	(1.318)	(1.479)
$Cal_{it}g(Findev_{it};\gamma,c)$	4.272**	3.751***	8.867***	11.891***
	(1.696)	(1.309)	(1.793)	(1.766)
净利息率差	0.447***	0.168**	0.011	0.199***
	(0.055)	(0.059)	(0.008)	(0.077)
贸易开放度	0.632***	0.506***		0.477***
	(0.019)	(0.019)		(0.018)
股票市值/GDP	0.209***	0.248***	0.148***	0.209***
	(0.016)	(0.018)	(0.021)	(0.019)
国民储蓄率	-0.728***	-0.326***	-0.198*	
	(0.112)	(0.097)	(0.147)	
人均 GDP		0.002***	0.001***	0.002***
		(0.000 1)	(0.000 1)	(0.000 1)
转换函数个数	1	1	1	1
AIC（β_1）	6.594	6.312	6.173	7.174
BIC（β_2）	6.655	6.465	7.135	7.235

注：括号内为估计系数相对应的标准差；*、** 和 *** 分别表示在 10%、5%和 1%显著性水平上通过检验。

从表6-6中的非线性模型参数估计结果可以看出，四个模型的斜率参数 γ 估计值均较小（最大估计值也仅为0.462），这意味着四个模型的平滑转换特征均较为明显，资本账户开放与四类跨境资本流动规模之间均呈现出渐进演变的非线性关系①。同时，转换函数的系数 β_2 估计值也均为正数，表明金融发展程度的提升可以抵消各国资本账户开放对跨境资本流动的负效应影响，并由此使得资本账户开放与跨境资本流动之间呈现出非线性特征。

此外，进一步分析表6-6中的估计结果可以看出，资本账户开放会促进外商直接投资、对外直接投资和对外证券投资三类跨境资本流动规模的增加，而降低对内证券投资跨境流动的规模。资本账户开放会拓宽资金跨境流动的渠道和降低资金跨境交易的成本，从而加大资金的跨境流动规模。同时，资本账户开放程度越高，境内资本市场回报率与世界市场就越会相差无几，资本账户开放程度提高，国内金融市场对跨境资本的吸引力也会相应地逐渐减少，由此会使对内证券投资规模呈现下降趋势。资本账户开放给对内证券投资带来的负效应会大于正效应，因此，资本账户开放与对内证券投资之间为负相关关系。净利息率差对四类跨境资本流动规模的影响均是正向的，这与理论分析结论相一致。资本会流向利息率更高的国家，且利息率相差越大，流入利息率更高的国家的资本规模也会越大。贸易开放度对跨境资本流动也具有正向影响，这一实证结果与Cavallo等（2004）以及Prassad等（2008）的研究结论相一致。一国或地区贸易开放程度越高，意味着该国或地区市场的全球化程度也越高，因而国际资本在该国或地区的流动规模也会越大。国民储蓄率对跨境资本流动的影响则是负向的。人均GDP和股票市值与GDP之比的增加均会带动跨境资本流动规模增加。人均GDP和股票市值与GDP之比的增加意味着境内经济发展趋好，金融市场活跃，会增加对国际资本的吸引力，从而带动直接投资和证券投资。

6.4.3 新兴经济体与发达经济体的比较

针对新兴经济体和发达经济体跨境资本流动呈现出的规模和特征差异，本书将总样本中的52个国家和地区划分为两组：一组为新兴经济体，共30个；另一组为发达经济体，共22个。然后本书分别研究新兴经济体与发达经济体资本账户开放后跨境资本流动变化差异的内在机理，为中国政府当局开放资本账户提供决策依据。同上述PSTR模型检验和参数估计步骤一致，我们首先需

---

① 斜率参数 γ 决定着模型的转换速度。γ 值越大，模型转换的速度就越快；当 γ 趋近于无穷大时，转换函数将演变成示性函数，平滑转换模型也会退化成门限模型。

要对分样本的 PSTR 模型设定进行相关检验。具体结果如表 6-7 所示。

表 6-7　线性检验结果（分样本）

模型	样本分类	LM_F 统计量	LM 统计量	$pseudo-LRT$	结论
外商直接投资	发达经济体	29.142 (0.000)	27.089 (0.000)	24.201 (0.000)	拒绝原假设
	新兴经济体	20.017 (0.000)	17.614 (0.000)	16.109 (0.000)	拒绝原假设
对外直接投资	发达经济体	20.217 (0.011)	7.897 (0.038)	31.462 (0.002)	拒绝原假设
	新兴经济体	28.973 (0.000)	14.953 (0.002)	55.402 (0.021)	拒绝原假设
对内证券投资	发达经济体	6.903 (0.003)	8.168 (0.004 1)	21.169 (0.008)	拒绝原假设
	新兴经济体	29.874 (0.000)	35.781 (0.000)	44.092 (0.014)	拒绝原假设
对外证券投资	发达经济体	7.018 (0.000)	7.974 (0.002)	22.307 (0.000)	拒绝原假设
	新兴经济体	21.504 (0.001)	28.117 (0.007)	41.097 (0.007)	拒绝原假设

注：括号内为估计系数相对应的标准差。

通过表 6-7 的回归结果我们可以发现，分样本情况下的四类资本跨境流动模型的 LM 统计量、LM_F 统计量和 $pseudo-LRT$ 统计量也都在 5%的显著水平上拒绝原假设，分样本面板数据的非线性设定也均为合理。接着，我们对分样本数据进行剩余非线性检验，具体检验结果见表 6-8。

表 6-8　剩余非线性检验结果（分样本）

模型	样本分类	$H_0:\gamma=0/H_1:\gamma=1$	$H_0:\gamma=1/H_1:\gamma=2$	结论
外商直接投资	发达经济体	12.164（0.012）	1.633（0.663）	$\gamma=2$
	新兴经济体	1.551（0.745）		$\gamma=1$
对外直接投资	发达经济体	5.209（0.257）		$\gamma=1$
	新兴经济体	4.686（0.317）		$\gamma=1$
对内证券投资	发达经济体	11.054（0.009）	6.427（0.172）	$\gamma=2$
	新兴经济体	6.674（0.109）		$\gamma=1$
对外证券投资	发达经济体	5.547（0.097）		$\gamma=1$
	新兴经济体	6.032（0.114）		$\gamma=1$

通过对分样本 PSTR 模型的剩余非线性检验结果的分析，我们发现，发达经济体的外商直接投资模型和对内证券投资模型为三区制模型，而新兴经济体的外商直接投资、对外直接投资、对内证券投资和对外证券投资以及发达经济体的对外直接投资和对外证券投资六个模型均为两区制模型。在对各分样本的 PSTR 模型检验完成之后，我们仍像上文一样采用非线性最小二乘法估计各模型的参数，具体结果如表 6-9 所示。

从表 6-9 的模型参数估计结果来看，无论是两区制转换模型还是三区制转换模型，模型中转换函数参数的估计值均为正数，表明资本账户开放与新兴经济体和发达经济体跨境资本流动之间的关系随着金融发展存在渐进演变趋势。同时，所有四类跨境资本流动模型中新兴经济体的斜率参数 γ 估计值均大于发达经济体的斜率参数 γ 估计值，说明相较于发达经济体，新兴经济体的资本账户开放与跨境资本流动之间非线性关系的转换速度更快，即在金融发展的作用机制下，资本账户开放对新兴经济体跨境资本流动影响的动态效应更加显著。对比四类跨境资本流动模型中新兴经济体和发达经济体的资本账户开放程度参数估计结果可以发现，新兴经济体的跨境资本流动受资本账户开放程度变化的影响更大，这从一定程度上解释了新兴经济体资本账户开放后引致的跨境资本流动给本国经济带来的冲击大于发达经济体这一典型事实。

此外，从表 6-9 的其他变量参数估计的结果中可以发现，净利息率差对新兴经济体跨境资本流动规模的影响效应比发达经济体大，而根据传统国际资本流动理论，净利息率差对跨境资本流动的影响只在短期内存在，这意味着相较于发达经济体，净利息率差会给新兴经济体带来更大的短期资本流动规模，造成跨境资本在新兴经济体“大进大出”的现象。贸易开放度在新兴经济体对跨境资本流动规模的影响也较为显著，这是因为境内金融发展水平可以在某种程度上抵消全球金融波动给本国经济带来的冲击，而新兴经济体金融发展程度较发达经济体弱，因此，新兴经济体跨境资本流动规模受贸易开放程度的影响更为显著。国民储蓄率参数估计系数在新兴经济体样本中的结果为负数，而在发达经济体的样本中为正数，这意味着国民储蓄的提升对新兴经济体跨境资本流动起到负向作用，对发达经济体跨境资本流动起促进作用。人均 GDP 对新兴经济体跨境资本流动的影响效应会显著地大于发达经济体，这与传统国际资本流动理论所预测的结果相一致。人均 GDP 越高的国家往往经济发展水平越高而经济增长率越低，传统国际资本流动理论认为资本会流向经济增长率较高的国家，因此，人均 GDP 对新兴经济体跨境资本流动影响会更大。

表 6-9　PSTR 模型参数估计结果（分样本）

模型	外商直接投资		对外直接投资		对内证券投资		对外证券投资	
	发达经济体	新兴经济体	发达经济体	新兴经济体	发达经济体	新兴经济体	发达经济体	新兴经济体
斜率参数 γ	0. 402***	0. 975***	0. 159**	0. 678***	0. 172***	1. 104***	0. 219***	1. 407**
	(0. 001)	(0. 026)	(0. 012)	(0. 000)	(0. 001)	(0. 003)	(0. 000)	(0. 011)
位置参数 c	257. 033***	144. 096***	139. 502***	98. 403**	139. 408***	90. 974***	134. 527***	88. 507***
	(0. 001)	(0. 112)	(0. 547)	(0. 714)	(0. 211)	(0. 047)	(0. 155)	(0. 106)
资本账户开放程度	2. 066***	3. 173***	-0. 079***	-1. 862***	-1. 617**	-3. 839**	2. 095**	3. 217**
	(0. 618)	(0. 408)	(0. 086)	(0. 174)	(0. 986)	(0. 995)	(1. 257)	(1. 007)
$Cal_{it}g(Findev_{it};\ \gamma,\ c_1)$	3. 807**	4. 845***	2. 763**	4. 097***	7. 864***	10. 086***	10. 898***	12. 219***
	(1. 606)	(0. 228)	(1. 022)	(0. 087)	(1. 701)	(1. 913)	(1. 766)	(1. 098)
$Cal_{it}g(Findev_{it};\ \gamma,\ c_2)$	1. 447***				2. 226***			
	(0. 109)				(1. 092)			
净利息率差	0. 228***	1. 502***	0. 146***	1. 168***	0. 006***	0. 911***	0. 184***	1. 228***
	(0. 055)	(0. 101)	(0. 059)	(0. 071)	(0. 005)	(0. 003)	(0. 077)	(0. 091)
贸易开放度	0. 519***	0. 732***	0. 274***	0. 603***			0. 377***	0. 499***
	(0. 011)	(0. 019)	(0. 019)	(0. 021)			(0. 018)	(0. 009)
股票市值/GDP	0. 119***	0. 334***	0. 148***	0. 447***	0. 089**	0. 209**	0. 114***	0. 277***
	(0. 009)	(0. 144)	(0. 027)	(0. 109)	(0. 001)	(0. 033)	(0. 112)	(0. 091)
国民储蓄率	0. 881***	-0. 528***	0. 452***	-0. 204**	0. 315***	-0. 118**		
	(0. 098)	(0. 182)	(0. 183)	(0. 112)	(0. 007)	(0. 127)		
人均 GDP			0. 002*	0. 021*	0. 003*	0. 011*	0. 001*	0. 012**
			(0. 000)	(0. 000)	(0. 000)	(0. 000)	(0. 000)	(0. 000)
转换函数个数	2	1	1	1	2	1	1	1
AIC	7. 642	6. 605	6. 201	5. 645	7. 743	6. 062	7. 063	6. 407
BIC	7. 628	6. 544	6. 354	5. 798	7. 804	7. 024	7. 124	6. 346

6.4.4 对资本账户开放与跨境资本流动非线性关系的进一步分析

从上述各模型的参数估计结果可以看出，无论是新兴经济体还是发达经济体，资本账户开放都可以带动外商直接投资和对外证券投资，进而加大跨境资本流动规模。同时我们还可以发现，资本账户开放也会对新兴经济体和发达经济体的对外直接投资和对内证券投资起到负向影响。传统国际资本流动理论认为，资本账户开放程度越高的国家和地区，境内投资回报率与世界市场投资回报率水平相差越小，因此，这些国家和地区的境内资产对国际资本的吸引力也会越小，从而导致资本账户开放程度的提升给对内证券投资带来抑制作用。但Alfaro 等（2010）、Park 等（2012）认为这种负向抑制效应会因境内金融发展带来的投资机会增加和投资效率提升而在一定程度上被抵消。因此，受金融发展水平变化的影响，资本账户开放与跨境资本流动之间的关系具有非线性特征。为进一步分析和刻画这种非线性特征，本书根据样本时间区间内（2002—2015 年）各国和地区的金融发展指数平均数，结合各回归模型中转换函数的系数 β_2 估计值，计算出与其相对应的关系参数值。以此为基础，本书画出了样本中 52 个国家和地区四类跨境资本流动与资本账户开放之间的非线性散点关系图，具体见图 6-1 到图 6-4。

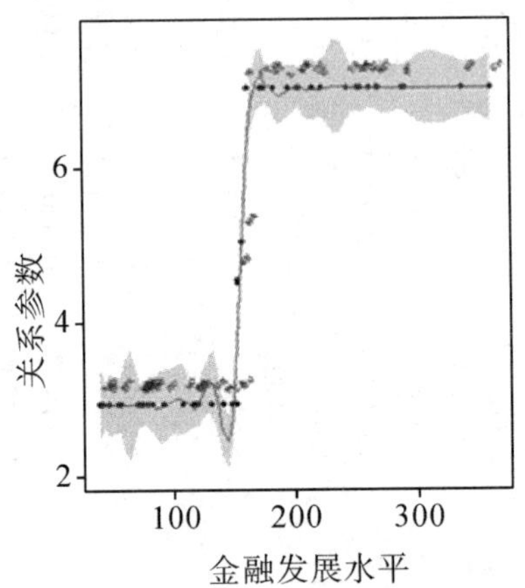

图 6-1 资本账户开放程度与外商直接投资的非线性关系

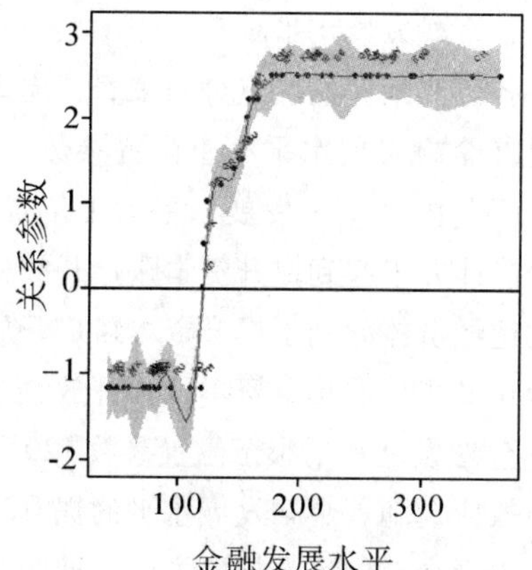

图 6-2　资本账户开放程度与对外直接投资的非线性关系

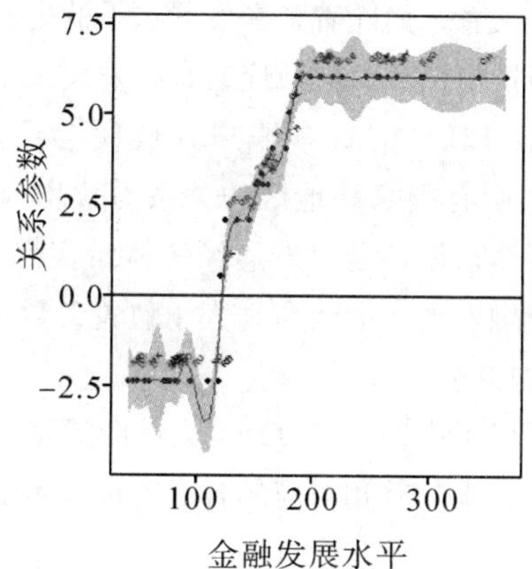

图 6-3　资本账户开放程度与对内证券投资的非线性关系

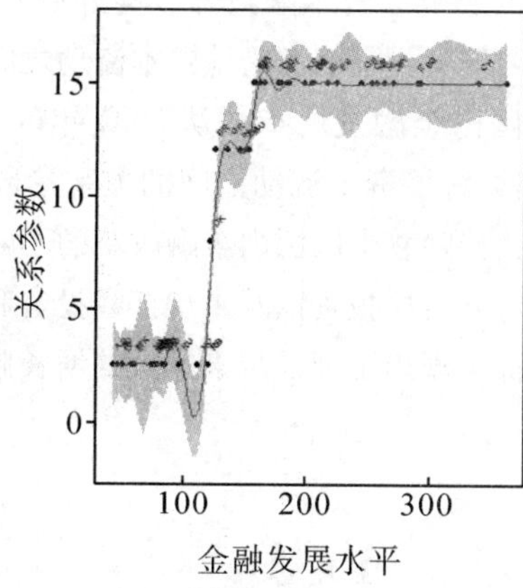

图 6-4　资本账户开放程度与对外证券投资的非线性关系

由图6-1可以看出，金融发展水平越高，资本账户开放对外商直接投资的影响越大。从图6-1中各国和地区的散点分布来看，大多数新兴经济体仍处于金融发展水平低区制内（金融发展水平小于位置参数157），而发达经济体大多处于金融发展水平高区制内（金融发展水平大于位置参数157），这意味着金融发展水平在新兴经济体并未起到提升资本账户开放程度后扩大外商直接投资效应的作用，而对发达经济体起到了提升资本账户开放程度后扩大外商直接投资效应的作用。由图6-2可以看出，资本账户开放会给处于金融发展水平低区制内的国家和地区（金融发展水平小于位置参数120）的对外直接投资带来负向效应，但这种负向效应会随着金融发展水平的提升逐步变小并转换为正向效应。相同的情况也会出现在对内证券投资方面，如图6-3所示，处于低区制内的国家和地区（金融发展水平小于位置参数121）的资本账户开放与对内证券投资之间是反向促进关系，而随着金融发展水平的提升，投资机会的增多和投资效率的提升会逐渐抵消部分负向效应，金融发展水平处于高区制内的国家和地区（大于位置参数121）的资本账户开放便会促进对内证券投资。从图6-4我们可以看出，所有国家和地区的关系参数均为正数，说明资本账户开放无论是对新兴经济体来说还是对发达经济体而言都会促进对外证券投资，且当该国或地区境内金融发展水平较高（大于位置参数121）时，资本账户开放会使对外证券投资增加的幅度增加。

进一步地，本章列出了中国自2002年以来的金融发展水平变化趋势，并根据上述系数估计值计算出与其相对应的各类跨境资本流动的关系参数，具体如图6-5所示。

从图6-5中我们可以看出，中国金融发展水平在不断提升，同时，受中国金融发展水平不断提升的影响，资本账户开放与外商直接投资、对外直接投资、对外证券投资和对内证券投资四类跨境资本流动之间的关系存在着渐进演变的非线性特征。中国国内金融发展指数从2002年的165增长到2015年的271，资本账户开放与四类跨境资本流动之间的关系参数值也都相应增加。因此，我们可以得出结论：伴随着中国国内金融改革的不断深化，资本账户开放对来华直接投资、中国对外直接投资以及来华证券投资和中国对外证券投资四类跨境资本流动的规模都呈现出了弹性越来越大的增长趋势。

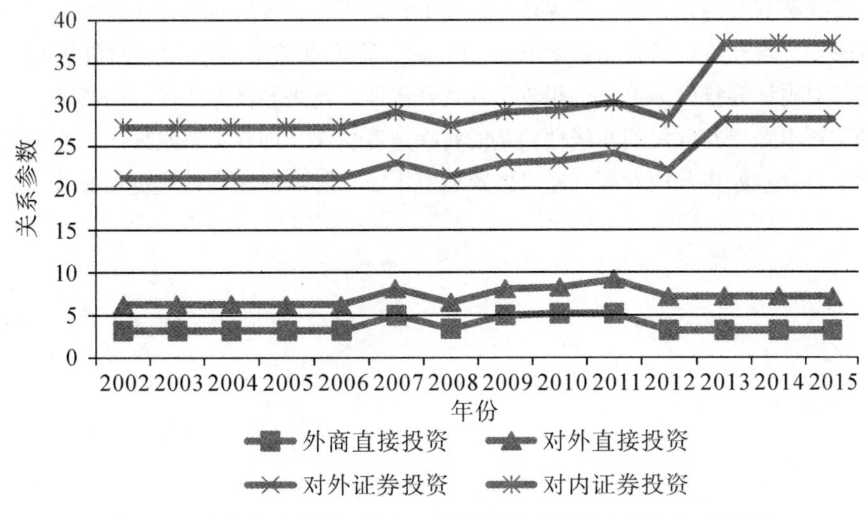

图 6-5　中国资本账户开放与四类跨境资本流动之间的关系参数

6.5　本章小结

本章采用面板平滑转换回归模型（PSTR）在非线性框架下研究资本账户开放与外商直接投资、对外直接投资、对内证券投资和对外证券投资四类跨境资本流动之间的关系，并结合金融发展探究资本账户中的直接投资和股本证券投资类子领域跨境资本流动效应的渐进演变。在此基础上，本章进一步对比和分析了资本账户开放与跨境资本流动之间的关系在新兴经济体和发达经济体表现出的差异。通过本书的研究结果，我们可以得出以下几点结论：第一，在外商直接投资和对外证券投资方面，无论是新兴经济体还是发达经济体，资本账户开放都会对这两类跨境资本流动的规模起到促进作用，且这种促进作用会随着金融发展水平的提升而增强，呈现出非线性特征。同时，外商直接投资非线性模型估计出的金融发展水平位置参数值恰好使得大多数新兴经济体落入低区制范围内，发达经济体落入高区制范围内，这说明了新兴经济体受国内金融发展水平影响，使得其资本账户开放的外商直接投资效应水平偏低，而金融发展水平在发达经济体普遍起到了提升资本账户开放的跨境资本流动效应的作用。第二，在对外直接投资和对内证券投资方面，当金融发展水平处于较低水平（低于对应的位置参数估计值）时，资本账户开放与对外直接投资和对内证券投资规模之间为负相关关系，即资本账户开放程度越高，该国（地区）对外直接投资和对内证券投资的规模反而越低；而当金融发展水平处于较高的区制范围内（高于对应的位置参数估计值）时，资本账户开放会促进对外直接投资和对内证券投资。第三，相较于发达经济体，新兴经济体的四类跨境资本流动与资本账户开放之间非线性关系的转换速度更快，即在金融发展水平作用机制下，资本账户开放对新兴经济体跨境资本流动影响的动态效应更加显著。

7 资本账户开放的人民币国际化效应

回顾前文，第四、五章主要探讨了一国（地区）在资本账户开放决策过程中应如何根据自身初始条件最优地选择开放时机，具体涉及的两个问题包括初始条件如何影响资本账户开放的综合效应以及在开放综合效应最大化目标下资本账户各子领域如何进行有序开放。在试图解决“何时开放”和“如何开放”的问题之后，一国政府当局更为关心的是资本账户开放到底能给本国带来什么？其中，跨境资本流动是资本账户开放最为直接和最为直观的效应，资本账户开放带来的收益和风险也都是由跨境资本流动引致的。为此，本书在第六章构建了资本账户开放的跨境资本流动非线性模型，结合金融发展水平，分析了资本账户开放与跨境资本流动之间关系的非线性特征，并比较和分析了新兴经济体和发达经济体跨境资本流动差异的内在机理。

然而，对于中国来说，资本账户开放带来的另一个备受关注的收益是人民币国际化。这构成了本书重点关注的另一个资本账户开放效应问题。本章采用实证分析的方法更进一步地探讨了资本账户开放的人民币国际化效应大小及效应产生的机制。

7.1 研究问题

从美元、英镑等国际货币的发展过程中我们可以看出，资本账户开放成为货币走出国门，变成国际货币过程中的关键一环，这是由货币在国际范围内延伸自身货币职能的内在本质决定的（Eichengreen et al.，2015；张国兵，2013；丁一兵，2016）。当前，关于人民币资本账户开放的争论核心也主要是围绕人民币国际化展开的。部分学者认为，中国政府在努力推进人民币国际化之前，应先实现人民币资本项目下的完全可兑换，这一观点的内在逻辑在于资本账户开放是人民币国际化的关键前提条件（中国人民银行调查统计司，2012；许少强，2003；赵庆明，2005）。也有部分学者认为，中国没有必要在资本账户完全开放之后再推进人民币国际化，人民币国际化和资本账户开放之间是相辅相成的关系，若在资本账户完全开放之后再推进人民币国际化，则会错失很多人民币国际化发展的关键机遇（余永定，2014；姜波克，2004；严佳佳 等，2014；高海红，2010；高海红，2016）。通过对现有文献的梳理，我们可以看出，大多数文献仅仅从定性的角度去分析和评判资本账户开放与人民币国际化之间的关系，而鲜有文献以定量分析的方法去量化分析资本账户开放是否可以促进人民币国际化，即实证分析资本账户开放是否具有人民币国际化效应。为在研究方法上对现有文献进行有益的补充，本章利用 2002—2013 年的季度数据，结合第二章中计算出的中国实际资本账户的开放度，引入经典的“货币锚”模型，在面板数据的基础上，定量讨论资本账户开放对人民币国际化“货币锚”地位的影响。本章剩余部分的结构和安排：首先从理论上分析资本账户开放促进人民币国际化的机制；其次，在经典“货币锚”模型的基础上构建资本账户开放的人民币国际化效应模型；再次，从货币职能维度分析人民币国际化路径，并依此选取实证分析的样本国家和相关数据；最后，利用相关数据实证分析资本账户开放的人民币国际化效应，并得出回归结果。

7.2 理论假说的提出

资本账户是由直接投资、股本证券投资、金融衍生工具等其他几类子项目共同组成的（冯维江，2010；付争 等，2014）。因此，我们可以将资本账户开放与人民币之间的关系理解为资本账户通过各子项目的开放来带动和推进人民币国际化。在直接投资类资本方面，资本账户开放程度越高，流入或者流出该国的直接投资资本也会越多。根据巴拉萨-萨缪尔森原理，当一国有大量的直接投资类国际资本进入该国时，在浮动汇率机制下，该国本币的实际汇率会有升高趋势；而在固定汇率机制下，为维持本币汇率不变，该国货币政府当局会在市场上增加本国货币的投放量，以维持本币汇率不变，但本币的实际汇率会升高。在股本证券类资本方面，资本账户开放意味着大量国际股本投资类资本会流向该国国内金融市场，给该国的本国货币实际汇率造成上升压力，而本国货币汇率升高又会带来两个方面的效应：一方面，本国货币汇率的升高会吸引大量股本投资类资本的流入，进而又再次扩大资本账户的开放，使资本账户开放程度在实际汇率提升机制作用下不断提升；另一方面，本国实际汇率稳步提升，意味着该国货币具有稳定性，从而会使越来越多的国际经贸活动选择以该国货币充当计价货币。在金融衍生工具和其他资本类方面，一国资本账户开放程度越高，意味着该国货币流出该国进入国际市场流入其他国家的数量也就越多，随着这部分货币数量的增加，越来越多的国家会倾向于选择以该国货币为投资和储备货币，从而推动该国货币在国际货币体系中地位的提升，这为该国货币成为国际货币奠定了坚实的物质基础。

从另一视角来看，当前资本账户开放程度是否在某种程度上对人民币国际化的进程产生了限制？在人民币发挥贸易结算职能方面，随着人民币跨境贸易结算的快速发展，以及中国货币当局与其他国家货币当局签订人民币互换协议数量的增加，人民币在国际贸易结算体系中的地位逐步提升。随着人民币在国际贸易结算体系中地位的提升，中国企业在参与国际贸易活动中遭遇的汇兑风险也会随之降低。但人民币资本账户常常存在汇兑限制，这令人民币在国际贸易实际交易过程中承担支付货币的职能超过了其承担计价货币的职能，这在某种程度上限制了人民币国际货币地位的上升。在人民币汇率形成机制方面，人民币汇率形成过程中市场化程度不够，且与离岸人民币货币市场之间存在隔阂，这为国际投机资本参与人民币套汇和套利活动提供了机会，从而增加了人民币汇率的波动性，使人民币稳定性受到威胁，在某种程度上限制了人民币国际化的有效推进。在各类跨境资本流动的管制方面，中国货币当局对股本证券、直接投资等类别资本参与国际经贸活动进行了一定程度的限制，从而阻碍了人民币作为投资资本流出和流入国内，减弱了人民币充当国际货币的基础，限制了人民币国际化的进程。

通过上文对资本账户开放和管制两个视角对人民币国际化作用的理论机制分析，我们可以看出，资本账户开放与人民币国际化之间存在一定的正向相关关系。因此，本书提出理论假说 7.1。

理论假说 7.1：资本账户开放程度越高，人民币国际化程度就会越高。

7.3 实证模型的构建

7.3.1 货币国际化的衡量标准

通常研究主要基于货币的计价、储备和投资职能的角度来对货币国际化进行量化和衡量。由上文理论机制分析，我们可以看出，资本账户开放通过汇率机制传导会对人民币国际化产生作用，这与经典的“货币锚”模型通过汇率的角度衡量人民币国际化具有一定的一致性。为此，本书借鉴货币国际化量化模型中的经典模型——“货币锚”模型，来实证分析资本账户开放的人民币国际化效应。

“货币锚”模型初次出现于1992年Frankel对日元兑换美元汇率的实证讨论中。随后，Ohno于1999年在Frankel（1992）的研究基础上，运用同样的研究方法对研究样本中的数据进行了更新。在研究过程中，Ohno（1999）对Frankel（1992）的研究做了部分改进，Ohno（1999）用瑞士法郎来表示每一种货币币值，然后对它们进行对数化处理，这样更有利于对计量结果进行比较分析，Ohno（1999）研究中经典的“货币锚”模型如下：

$$\Delta currency/sw = const. + \alpha(\Delta dollars/sw) + \beta(\Delta yen/sw) \tag{7.1}$$

其中，$currency/sw$ 是以瑞士法郎表示的东亚各国货币的币值，而 $dollars/sw$ 是以瑞士法郎表示的美元币值，yen/sw 是以瑞士法郎表示的日元币值。

在Ohno（1999）研究之后，学术界也运用“货币锚”模型做了大量研究，这些研究可以从以下三个方面来讨论。

第一，一些文献主要以东亚、南亚、东南亚等地的国家为研究样本。这类文献提出，由于这些国家在经济和政治上对美国具有较为显著的不对称依赖，通常而言，这些国家的货币汇率会以美元为参照标准，以尽量减少本国企业在参与国际经贸活动中的汇率风险。McKinnon（2000）运用经典的“货币锚”模型对这一现象进行了实证分析，并论证了东亚国家主权货币确实存在较为显著的“货币锚”特性。在随后的解释中，McKinnon（2000）认为亚洲大部分国家选择美元作为本国货币的“货币锚”，是因为美元可以在亚洲大部分国家的国际经贸往来中，发挥计价货币职能，同时也可以在外汇即期和远期市场中，发挥国际清偿支付职能。McKinnon（2000）文中的“货币锚”模型具体如下：

$$e_t^{EA/SF} = \alpha_1 + \alpha_2 e_t^{USD/SF} + \alpha_3 e_t^{JPY/SF} + \alpha_4 e_t^{M/SF} + \mu_t \tag{7.2}$$

相较于模型（7.1）而言，模型（7.2）在被解释变量中增加了德国马克。之后，McKinnon（2005）、McKinnon 和 Schnabl（2004）又在 McKinnon（2000）的研究基础上强化了这一模型。他们同样论证了东亚国家存在较为明显的美元“货币锚”特征。此外，Taro Esaka（2003）测算了 1997 年东亚国家的美元本位制现象，他在传统“货币锚”OLS 模型回归的基础上，将样本数据分为不同时间段的子样本，并运用卡尔曼滤波的方法来进行处理，然后进行极大似然估计回归。

第二，一些文献提出新兴经济体货币应当以美元或是一种超主权货币为自身货币汇率的锚定货币。这部分学者主要以 Jeon 和 Zhang（2007）、Larrain 和 Tavares（2003）、Kim（2007）为主。值得注意的是，他们的这种观点及研究结论被很多国家关注和重视。

第三，一些文献提出新兴经济体应当在本国对外贸易的基础上选择一揽子货币作为本国货币的锚定货币，在一揽子货币选取中，以与本国经贸关联密切为原则，选取与本国贸易比重高的国家的主权货币进入货币篮子。这一方面的文献主要以 Williamson（2005）、Ogawa 和 Shimizu（2006）等人的研究为代表。

此外，还有一些文献提出应当弱化“货币锚”概念。Reid W. Click（2009）利用 1999—2007 年的日数据实证考察了 2008 年全球金融危机以前部分东亚国家（如越南、印度尼西亚、新加坡、马来西亚、菲律宾和泰国）“货币锚”的特征及其演变趋势。实证结果表明：东亚国家的货币与全球国际化货币之间的一体化程度在不断降低，除英镑之外，传统的国际化程度较高的主权货币如美元、日元和欧元已经不再是这些亚洲国家货币的主要锚定货币。

7.3.2 模型的设定

本章研究的核心问题是实证分析资本账户开放是否有助于人民币国际化，即资本账户开放是否具有人民币国际化效应。因此，在实证分析之前，人民币国际化的指标量化成为首要问题。综合上文阐述，本书采用经典的“货币锚”模型作为资本账户开放的人民币国际化效应的基础模型，具体如下：

$$\begin{aligned} currency_{it} = {} & \alpha_1 + \alpha_2 \mathrm{USD}_{it} + \alpha_3 \mathrm{EUR}_{it} + \alpha_4 \mathrm{JPY}_{it} + \\ & \alpha_5 \mathrm{GBP}_{it} + \alpha_6 \mathrm{CNY}_{it} + \alpha_7 \mathrm{CHF}_{it} + \mu_{it} \end{aligned} \tag{7.3}$$

根据前文的理论机制分析，资本账户开放与人民币汇率变动之间存在交互作用，因此，本书在“货币锚”基础模型中加入一个交互项来讨论资本账户开放对人民币国际化的影响，具体模型如下：

$$currency_{it} = \alpha_1 + \alpha_2 USD_{it} + \alpha_3 EUR_{it} + \alpha_4 JPY_{it} + \alpha_5 GBP_{it} + \alpha_6 CNY_{it} + \alpha_7 CHF_{it} + \alpha_8 KAOPEN_{\Pi} * CNY_{it} + \mu_{it} \tag{7.4}$$

其中，$KAOPEN_{\Pi} * CNY_{it}$ 为资本账户开放变量与人民币汇率的交互项，以考察资本账户开放对人民币国际化的影响。Π 为 1 到 3，分别表示本书第三章中所计算的中国资本账户实际开放度 $KAOPEN_1$、$KAOPEN_2$、$KAOPEN_3$。

7.4 样本、变量及数据说明

就现阶段关于人民币国际化路径的探讨来看，大多数学者基于地域视角提出人民币国际化应当遵循“先周边化，再亚洲化，最后全球化”的路径选择，部分合理地刻画了人民币国际化的区域顺序，即从地缘周边扩散至亚洲和全球这一基本路径。但事实上，地缘主义的区域基础选择具有一定的局限性，机械地遵循地理上的由近及远原则很可能会忽略一些具备一定非正式制度基础的“较远”区域，而却又在不易扩展的“周边”区域投入过多资源，从而限制人民币国际化的有效推进。为此，人民币国际化的区域布局应当超越亚洲一隅，兼具“亚洲特色”和“世界格局”，以更加开放和兼济天下的功能主义扩展观推进人民币国际化。因此，本书从人民币在计价、贸易结算、储备投资等功能上的区域倾向来选择样本国家，以此来分析资本账户开放是否有助于人民币在这些国家推进国际化。

7.4.1 样本的选取

基于交易媒介职能角度，根据货币国际化的历史经验，一国主权货币跨越国境在国际交易中履行支付结算等交易媒介职能，是建立在该国具有较强的物质能力基础之上的。在当前的国际政治经济格局下，一国对外提供市场的能力和提供产品的能力是该国货币区域化和国际化的重要物质能力基础。本书根据某一国家或地区对中国出口量占其对全世界出口总量的比重来构建中国对该区域提供出口市场的能力指数，具体如下：

$$Market\_Supply_{i,china} = \frac{Export_{i,china}}{Export_{i,world}} \tag{7.5}$$

为避免出口值在某个年份的缺失或偶然性激增（或激减），本书计算出中国对全球 147 个国家和地区在 2012—2016 年共五年的市场提供能力后取其平均值，具体出口数据来自 UN Comtrade 全球贸易数据库①。如表 7-1 所示，中国市场提供能力最高的是蒙古，中国为该国提供了 84.23%的出口市场，而中国市场提供能力最低的地区是巴勒斯坦，该地外部市场仅有 0.000 1%由中国提供。

表 7-1　中国市场提供能力计算结果

国家（地区）	洲别	市场提供能力（2012—2016年平均值）	国家（地区）	洲别	市场提供能力（2012—2016年平均值）
蒙古	亚洲	84.233 6%	安道尔	欧洲	0.231 5%
所罗门群岛	大洋洲	60.247 7%	波黑	欧洲	0.195 9%
中国香港	亚洲	57.303 0%	巴哈马	北美洲	0.184 2%
新西兰	大洋洲	46.299 4%	塞尔维亚	欧洲	0.131 1%
安哥拉	非洲	45.057 0%	百慕大群岛	北美洲	0.128 7%
毛里求斯	非洲	36.942 9%	帕劳	大洋洲	0.125 0%
刚果	非洲	34.934 1%	巴拿马	北美洲	0.077 1%
缅甸	亚洲	32.738 7%	汤加	大洋洲	0.032 8%
澳大利亚	大洋洲	32.441 4%	不丹	亚洲	0.008 7%
新喀里多尼亚	大洋洲	27.425 5%	巴勒斯坦	亚洲	0.000 1%

注：上表左列为中国市场提供能力最高的十个国家（地区），右列为中国市场提供能力最低的十个国家（地区）。

根据上述计算结果，中国对全球 147 个国家（地区）的市场提供能力的平均水平为 7.513 4%。其中，高于该平均值水平的国家（地区）共有 35 个，主要分布在东亚、中亚、东南亚、大洋洲、非洲、阿拉伯半岛以及中南美洲等区域且大多数为新兴经济体。

类似地，本书根据某一国家或地区从中国进口量占其从全世界进口总量的比重来构建中国对该区域提供产品的能力指数，具体如下：

$$\text{Product\_Supply}_{i,china} = \frac{import_{i,china}}{import_{i,world}} \tag{7.6}$$

如上文采取计算中国对各国和地区的市场提供能力的方法一样，本书利用全球 147 个国家和地区选取 2012—2016 年对中国和世界出口数据计算出中国

① 其中，2012—2016 年部分国家和地区的出口数据不全，本书在计算这部分区域的市场提供能力平均值时以相应数据为基准，如尼泊尔只有 2012—2016 年中三年的数据，因此，在计算中国对尼泊尔的市场提供能力平均值时，计算的结果为尼泊尔该三年市场提供能力值的平均值。

对这些国家和地区的产品提供能力并取其平均值①。具体计算结果如表 7-2 所示，中国内地对香港地区的产品提供能力最大，该地区全部进口产品价值的 44. 85%都来自中国内地；而相反，中国对开曼群岛的产品提供能力最小，该地区仅有 0. 19%的进口产品价值来自中国。

表 7-2　中国产品提供能力计算结果

国家（地区）	洲别	产品提供能力（2012—2016年平均值）	国家（地区）	洲别	产品提供能力（2012—2016年平均值）
中国香港	亚洲	44. 851 8%	马耳他	欧洲	2. 773 4%
柬埔寨	亚洲	35. 934 8%	格林兰	欧洲	2. 646 4%
缅甸	亚洲	34. 159 4%	不丹	亚洲	2. 505 3%
巴拿马	北美洲	32. 867 8%	立陶宛	欧洲	2. 475 9%
蒙古	亚洲	31. 602 9%	阿鲁巴	南美洲	2. 310 1%
吉尔吉斯斯坦	亚洲	31. 520 4%	卢森堡	欧洲	2. 073 0%
越南	亚洲	28. 423 7%	百慕大群岛	北美洲	1. 806 2%
埃塞俄比亚	非洲	27. 185 1%	博茨瓦纳	非洲	1. 342 1%
中国澳门	亚洲	26. 552 7%	巴哈马	北美洲	0. 684 1%
巴拉圭	南美洲	26. 396 8%	开曼群岛	北美洲	0. 191 0%

注：上表左列为中国产品提供能力最高的十个国家（地区），右列为中国产品提供能力最低的十个国家（地区）。

从上述中国产品提供能力的计算结果可以看出，中国对全球 147 个国家和地区的产品提供能力平均水平为 12. 07%，高于市场提供能力平均水平，这说明总体上中国向外部提供产品的能力强于向外部提供市场的能力。在这些国家和地区中，从中国进口产品价值占其进口产品总价值比重高于该平均值水平的国家和地区共有 57 个（18 个位于非洲，14 个位于东亚及东南亚，12 个位于中南美洲，7 个位于中亚、西亚及阿拉伯半岛，4 个位于大洋洲，1 个位于北美洲和 1 个位于欧洲），从经济发展阶段来看，这些国家（地区）以新兴经济体为主。

人民币在境外某区域要履行计价和贸易结算的交易媒介职能，关键还在于该区域内的国家或地区能否对中国的市场和产品形成稳定的不对称依赖。为此，本书构建产品和市场不对称依赖指数，进一步分析人民币国际化的样本选择范围。

① 计算中国对各国和地区的产品提供能力时取 2012—2016 年五年的平均值的意义，在于规避单一年份常出现的出口值缺失及异常波动情况，具体出口数据来自 UN Comtrade 全球贸易数据库。

市场提供能力方面，通过中国对其他国家和地区的市场提供能力与其他国家和地区对中国的市场提供能力的比值来刻画市场提供的不对称依赖状况，具体如下：

$$Market\_Supply\_Asymmetric\_Dependence_i = \frac{Market\_Supply_{i,china}}{Market\_Supply_{china,i}} \quad (7.7)$$

其中，$Market\_Supply_{i,\ china}$ 表示中国对地区 i 的市场提供能力；$Market\_Supply_{china,\ i}$ 表示地区 i 对中国的市场提供能力①。根据此公式，本书对前文描述的超过中国市场提供能力平均水平的 35 个国家和地区做进一步分析（见表 7-3）。

表 7-3　市场提供的不对称依赖度

国家（地区）	市场提供能力（2012—2016年平均值）	市场提供的不对称依赖度	国家（地区）	市场提供能力（2012—2016年平均值）	市场提供的不对称依赖度
所罗门群岛	60.247 7%	22 752.15	秘鲁	19.611 1%	71.783 52
新喀里多尼亚	27.425 5%	6 443.963	智利	25.497 2%	43.084 16
亚美尼亚	8.183 0%	1 547.473	哈萨克斯坦	14.110 6%	29.225 19
毛里求斯	36.942 9%	1 166.496	澳大利亚	32.441 4%	18.509 65
刚果	34.934 1%	951.415 4	巴基斯坦	9.364 4%	15.292 26
蒙古	84.233 6%	933.336 4	南非	10.045 1%	14.390 51
赞比亚	18.363 6%	630.23	巴西	18.330 6%	13.095 49
老挝	21.394 3%	352.784 5	泰国	11.428 6%	7.210 877
阿曼群岛	27.291 6%	297.858 7	印度尼西亚	11.080 7%	6.878 581
也门	25.532 9%	297.025 2	马来西亚	12.772 9%	6.672 779
安哥拉	45.057 0%	257.380 5	朝鲜	25.418 3%	5.880 549
新西兰	46.299 4%	226.659 9	新加坡	12.373 4%	5.859 763
喀麦隆	10.979 8%	154.406 1	越南	10.338 0%	4.166 353
乌拉圭	12.682 9%	127.162 2	俄罗斯	7.828 4%	3.915 835
缅甸	32.738 7%	89.748 09	中国香港	57.303 0%	3.724 664
中国澳门	12.437 0%	79.644 68	日本	17.919 0%	2.739 671
坦桑尼亚	12.025 7%	78.443 69	美国	7.640 1%	0.437 663 9
赞比亚	8.468 4%	71.937 18	—	—	—

① 市场提供能力的具体计算过程参见式（7.7），且计算时，为避免个别年份数据的缺失及数据的波动，均选取 2012—2016 年的数值进行计算后再取平均值。

如表 7-3 所示，美国对中国市场的不对称依赖度小于 1，这说明美国对中国的市场提供能力要高于中国对美国的市场提供能力，其余 34 国和地区对中国市场提供的不对称依赖度均大于 1。这些国家和地区在地理位置上不仅分布在与中国邻近的东亚、东南亚等地区，也分布在距离中国相对较远的大洋洲、非洲及南美洲地区，如所罗门群岛、新喀里多尼亚、毛里求斯、坦桑尼亚、赞比亚、秘鲁、智利，这更进一步说明了从地理维度选取人民币国际化路径具有一定的局限性，人民币国际化路径的选取应以功能主义的拓展观为原则展开。另外，从经济发展阶段来看，对中国市场存在显著不对称依赖的国家和地区仍以新兴经济体为主，这意味着，人民币在新兴经济体更具有履行支付和贸易结算的交易媒介职能的优势。

类似地，本书通过中国对其他国家和地区的产品提供能力与其他国家和地区对中国的产品提供能力的比值来构建产品提供的不对称依赖指数。具体如下：

$$\text{Product\_Supply\_Asymmetric\_Dependence}_i = \frac{\text{Product\_Supply}_{i,china}}{\text{Product\_Supply}_{china,i}} \quad (7.8)$$

其中，$\text{Product\_Supply}_{i,\ china}$ 表示中国对地区 i 的产品提供能力；$\text{Product\_Supply}_{china,i}$ 表示地区 i 对中国的产品提供能力①。根据式（7.8），下面对前文描述的超过中国产品提供能力平均水平的 57 个国家和地区做进一步分析。

表 7-4　产品提供的不对称依赖度

国家（地区）	产品提供能力（2012—2016 年平均值）	产品提供不对称依赖度	国家（地区）	产品提供能力（2012—2016 年平均值）	产品提供不对称依赖度
毛里求斯	0. 164 823 5	19 978. 61	巴基斯坦	0. 210 513	141. 283 9
巴拉圭	0. 263 968 3	10 558. 73	乌拉圭	0. 172 139 4	136. 618 6
吉尔吉斯斯坦	0. 315 203 8	8 338. 725	缅甸	0. 341 593 9	107. 082 7
斐济	0. 124 341	6 684. 999	哥伦比亚	0. 179 701 7	80. 223 98
巴拿马	0. 328 677 8	5 010. 333	刚果	0. 153 687 3	68. 305 47
卢旺达	0. 184 504 3	4 894. 014	中国香港	0. 448 517 7	52. 519 64
尼日尔	0. 200 571 7	4 341. 378	阿根廷	0. 167 584 7	52. 207 07
尼加拉瓜	0. 125 872 1	3 814. 305	秘鲁	0. 208 269 3	43. 662 32
乌干达	0. 124 489 3	3 241. 908	新西兰	0. 179 196 6	43. 284 21

① 产品提供能力的具体计算过程参见式（7.8），且计算时，为避免个别年份数据的缺失及数据的波动，本书均选取 2012—2016 年的数值进行计算后再取平均值。

表7-4(续)

国家（地区）	产品提供能力（2012—2016 年平均值）	产品提供不对称依赖度	国家（地区）	产品提供能力（2012—2016 年平均值）	产品提供不对称依赖度
多哥	0.243 608 9	3 155.556	哈萨克斯坦	0.167 942 3	30.205 44
马达加斯加	0.168 347 4	2 025.842	科威特	0.145 754 2	30.052 42
中国澳门	0.265 526 9	2 011.568	墨西哥	0.167 519 5	29.441 04
马里	0.156 175 2	1 828.749	越南	0.284 237	20.596 88
斯里兰卡	0.189 999 6	1 496.06	智利	0.209 707 1	18.892 54
几内亚	0.134 795 3	1 396.842	印度	0.138 656 5	16.217 13
埃塞俄比亚	0.271 850 8	1 264.422	印度尼西亚	0.179 760 4	12.570 66
柬埔寨	0.359 348 4	1 222.273	安哥拉	0.137 409 9	9.957 237
玻利维亚	0.159 836 5	768.444 8	俄罗斯	0.178 574 5	8.423 326
坦桑尼亚	0.149 270 5	654.695 2	新加坡	0.123 518 6	7.768 462
所罗门群岛	0.126 706	541.478 5	泰国	0.166 014 7	7.757 695
孟加拉国	0.200 541 5	502.610 3	南非	0.160 684 2	7.725 202
喀麦隆	0.171 740 6	490.687 5	巴西	0.162 818 1	5.899 206
厄瓜多尔	0.176 727 1	317.283 8	沙特阿拉伯	0.135 361	5.885 26
老挝	0.212 860 1	292.792 5	马来西亚	0.179 929 2	5.841 858
苏丹	0.185 730 9	268.397 2	澳大利亚	0.207 494 2	4.405 396
加纳	0.175 791 7	265.546 4	日本	0.230 582 9	2.614 318
埃及	0.124 601 1	196.842 2	美国	0.204 167 9	2.505 127
阿尔及利亚	0.143 481 6	192.851 5	韩国	0.179 386 3	1.839 859
蒙古	0.316 028 7	142.355 3	—	—	—

如表 7-4 所示，57 个国家和地区均对中国具有市场提供的不对称依赖，其中除了美国、日本、澳大利亚三个发达经济体之外（且该三国市场提供不对称依赖指数排在全部 57 个市场的后四位），剩下的 54 个国家和地区是以俄罗斯、印度、南非、巴西等金砖国家为首的新兴经济体。这意味着，单从市场提供能力来看，人民币在以金砖国家为首的新兴经济体中更具有履行支付和贸易结算的交易媒介职能的优势。

从各地对中国市场和产品的不对称依赖结果分析来看，以金砖国家为首的新兴经济体已经初步具备了以人民币为交易媒介的物质基础，有条件成为人民币国际化的重要组成部分。

因此，本书在实证分析的样本国家选取上重点参考了 IMF 汇率数据库，它共包含全球50多个国家和地区货币对SDRs（特别提款权）的汇率数据。同时结合上文分析结果，本书从中选择出对中国市场和产品具有不对称依赖的新兴经济体作为本书研究的样本国家，具体包括巴西、印度、南非、俄罗斯、阿尔及利亚、巴林、马来西亚、文莱、印度尼西亚、新加坡、泰国、菲律宾、韩国、巴基斯坦、哈萨克斯坦、尼泊尔、以色列、阿联酋、伊朗、卡塔尔、沙特阿拉伯、科威特、马耳他、博茨瓦纳、委内瑞拉、利比亚、多哥、毛里求斯、斯里兰卡、突尼斯、特立尼达和多巴哥、智利、哥伦比亚、爱沙尼亚、墨西哥、新西兰、秘鲁、乌拉圭、阿曼等39个新兴经济体。

7.4.2 变量选取及数据说明

本书实证分析模型为加入交互项的“货币锚”模型［如式（7.4）］，为遵循数据的中立性，所有变量均取为1单位货币所代表的SDRs。其中，$currency_{it}$ 为样本国 i 在 t 时期，一单位本国货币所代表的SDRs值；USD_{it}、EUR_{it}、JPY_{it}、GBP_{it}、CNY_{it}、CHF_{it} 分别表示美元、欧元、日元、英镑、人民币和瑞士法郎在 t 时期用SDRs所表示的1单位货币大小。在样本时间截取上，本书选取2002—2013年的季度数据，具体数据均来源于IMF数据库。

7.5 回归结果分析

7.5.1 基础性回归

2010年是对人民币资本账户开放具有重要意义的一个时间节点。2010年中国高层文件明确表示，将“逐步实现资本项目可兑换”目标写入“十二五”发展规划，因此，本书认为2010年之后人民币资本项目开放正式进入快速发展时期。本书以2010年为节点将时间样本划分为两个子样本（2002Q1—2009Q4和2010Q1—2013Q4），分别进行实证回归分析。此外，为更全面地实证分析资本账户开放的人民币国际化效应，本书在实证分析过程中将上述三个交互项 $KAOPEN_1 * CNY_{it}$、$KAOPEN_2 * CNY_{it}$、$KAOPEN_3 * CNY_{it}$ 依次加入模型。本书采用固定效应面板模型来对模型进行估计，具体实证估计结果如表7-5所示。

表 7-5 “货币锚”模型回归结果

解释变量	第一阶段（2002Q1—2009Q4）				第二阶段（2010Q1—2013Q4）			
	（1）	（2）	（3）	（4）	（5）	（6）	（7）	（8）
常数项	3.476 2***	3.031 1***	3.474 2***	3.270 7***	1.620 8***	2.010 9***	1.721 8***	2.840 7***
	（0.601 9）	（0.660 1）	（0.601 9）	（0.615 9）	（0.836 4）	（1.033 5）	（0.836 6）	（1.072 3）
USD	−0.630 7**	−0.328 8	−0.626 4**	−0.403 7	2.824 3***	2.507 5***	2.138 3***	2.600 6***
	（0.201 6）	（0.243 2）	（0.291 4）	（0.380 8）	（0.770 5）	（0.837 7）	（0.842 1）	（0.776 9）
EUR	−0.302 4	−0.071 2	−0.263 5	−0.212 6	1.810 9***	1.606 2***	1.674 8***	1.403 4***
	（0.172 5）	（0.226 4）	（0.174 8）	（0.210 9）	（0.512 9）	（0.446 6）	（0.422 9）	（0.422 4）
JPY	−0.211 4***	−0.104 9*	−0.215 2***	−0.350 7**	0.504 8***	0.469 7***	0.421 7***	0.205 9*
	（0.101 9）	（0.110 4）	（0.110 9）	（0.109 7）	（0.133 9）	（0.143 2）	（0.140 5）	（0.176 9）
GBP	0.020 1	0.067 7	0.014 8	0.073 2	0.073 9	0.010 6	0.084 7	0.161 4
	（0.074 6）	（0.078 4）	（0.087 3）	（0.080 9）	（0.147 1）	（0.173 6）	（0.146 1）	（0.151 6）
CHF	−0.101 5*	−0.111 6*	−0.152 1*	−0.174 5	0.109 9***	0.167 2**	0.103 1	0.172 3***
	（0.101 9）	（0.118 9）	（0.099 7）	（0.121 5）	（0.054 7）	（0.062 9）	（0.074 3）	（0.054 4）
CNY	0.168 6	0.131 1	0.190 9	0.100 7	−0.177 8***	−1.847 3***	−1.576 1***	−1.757 5***
	（0.113 2）	（0.114 7）	（0.114 8）	（0.133 3）	（0.256 9）	（0.353 8）	（0.400 9）	（0.354 5）
$KAOPEN_1$		0.048 7*				0.075 9		
		（0.022 1）				（0.113 9）		
$KAOPEN_2$			−0.017 9				−0.043 4	
			（0.019 9）				（0.023 5）	

表7-5（续）

解释变量	第一阶段（2002Q1—2009Q4）				第二阶段（2010Q1—2013Q4）			
	（1）	（2）	（3）	（4）	（5）	（6）	（7）	（8）
$KAOPEN_3$				−0.115 9				−0.445 1**
				（0.066 8）				（0.141 7）
AR（1）	0.731 7***	0.730 7***	0.732 9***	0.841 2***	0.892 1***	0.896 4***	0.807 3***	0.906 1***
	（0.010 5）	（0.010 9）	（0.010 9）	（0.011 4）	（0.017 7）	（0.018 9）	（0.010 9）	（0.018 5）
Adj. R	0.999 5	0.999 5	0.999 5	0.999 5	0.999 7	0.999 7	0.999 7	0.999 7
F 检验	55 025.68***	53 873.10***	53 809.41***	53 845.69***	61 723.99***	60 269.21***	60 444.46***	60 698.49***
D. W.	2.041 9	2.051 6	2.043 9	2.036 3	2.036 3	2.046 6	2.044 1	2.040 7
样本数	1 404	1 404	1 404	1 404	468	468	468	468

注：括号内数字为标准差；***、**、*分别表示在1%、5%、10%水平上显著。下同。

从表 7-5 的回归结果可以看出，在第一个时间段中（2002Q1—2009Q4），模型（1）—模型（4）样本中的新兴经济体国家主权货币汇率受日元汇率波动的影响较为显著；同时，这些国家的主权货币汇率对美元和瑞士法郎汇率波动也存在较为显著的影响；但这些新兴经济体国家主权货币对欧元、英镑和人民币汇率的波动不存在较为明显的影响。加入人民币汇率与资本账户开放程度的交互项后，这些新兴经济体的主权货币对 $KAOPEN_2 * CNY_{it}$ 和 $KAOPEN_3 * CNY_{it}$ 并不产生统计上的显著影响，回归结果同无交互项的模型（1）的回归结果一致。但 $KAOPEN_1 * CNY_{it}$ 在实证回归中的结果在统计上是显著的，但显著程度比较低，这意味着人民币在资本账户开放条件下，人民币汇率对新兴经济体的主权货币汇率可以造成一定的影响。

在第二个时间段中（2010Q1—2013Q4），模型（5）—（8）样本中的新兴经济体国家的主权货币汇率对美元、欧元和人民币均存在较为显著的影响，并且这些新兴经济体的主权货币对日元和瑞士法郎存在显著的影响，却对英镑不存在显著的影响。在加入人民币与资本账户开放度的交互变量后，新兴经济体国家的主权货币对 $KAOPEN_1 * CNY_{it}$ 和 $KAOPEN_2 * CNY_{it}$ 不存在显著的影响，但却对 $KAOPEN_3 * CNY_{it}$ 存在显著的影响。值得注意的是，在模型（6）中 $KAOPEN_1 * CNY_{it}$ 实证分析结果系数为正，而在模型（7）和模型（8）中人民币与资本账户开放程度交互变量的实证分析结果均为负数。

进一步地，我们对两个时间段里“货币锚”基本回归结果进行横向比较可以发现：①日元汇率的变动对新兴经济体国家主权货币汇率变动的影响较显著，但实证分析中的回归系数较小；美元和欧元的汇率变动对新兴经济体国家主权货币汇率变动的影响程度在逐步增加，而瑞士法郎的影响变化程度并不是很明显，英镑汇率变动却对新兴经济体国家的主权货币汇率的变动几乎没有影响。②对比两个时期的模型回归结果系数，我们可以发现，除了英镑的回归系数一直为正数之外，美元、瑞士法郎、日元和欧元的回归系数都经历了由负数转向正数的变化过程。这种实证分析结果背后的原因是，2001 年之后，美国国际收支和财政预算为经常项目赤字、资本项目盈余以及财政预算赤字的状态。这种国际收支状态意味着美国在国际金融体系中仍存在着明显的优势，美国在国际金融体系中仍然承担着净资本输入国的角色。这一时期的欧元区国家和日本在国际金融体系中的地位却不能像美国那样，依靠国内资产升值来实现本国国际收支账目中的资本账户盈余。此时，欧元区国家和日本均采取较为宽松的货币政策甚至是量化宽松政策以缓解国内经常账户赤字、经济增长动力不足以及政策债务压力过大等客观事实，以期能够解决内外部同时失衡的状态。

欧元区国家和日本较为宽松的货币政策环境使得资本在趋利性的本质下在这一时期大量地流向新兴经济体，新兴经济体的主权货币汇率呈现上升趋势，这与欧元、瑞士法郎、日元汇率呈现的下降趋势正好相反。到了 2010 年之后，受金融危机的冲击，欧元区及美、日等发达经济体仍旧没能找到持续维持经济增长的有效增长点，而新兴经济体在危机中遭受重创，各国在国际收支平衡表中出现了经常项目和资本账户项目双逆差的现象，新兴经济体的主权货币也呈现出贬值趋势，这与欧元区及美、日等发达经济体货币呈现的下降趋势是一致的。③人民币汇率变动对新兴经济体国家主权货币汇率变动的影响程度呈现出显著的变化。在第一个时间区间内（2002Q1—2009Q4），虽然人民币汇率在模型中的统计结果系数为正数，但回归系数值均较小；而在第二个时间区间内（2010Q1—2013Q4），人民币汇率变动对新兴经济体国家主权货币汇率变动的影响在统计结果上均较为显著，且回归系数值也比较大。人民币汇率与资本账户开放交互变量在模型回归结果中的系数为正，且系数数值变大，我们从中可以发现，中国资本账户开放可以通过汇率传导机制影响新兴经济体主权货币对人民币的锚定，从而为人民币国际化奠定基础。从某种意义上说，资本账户开放具有人民币国际化效应。但随着人民币汇率与资本账户开放交互变量的替换，该变量的回归系数又变为负数［如表 7-5 中回归结果第（7）列和第（8）列］。虽然交互变量的回归系数有变大趋势，但数值仍然较小，这说明在汇率传导机制作用下，资本账户开放的人民币效应并不稳定且作用有限。为更全面地分析资本账户开放的人民币国际化效应，接下来本书将展开资本账户开放人民币效应实证分析的稳健性分析。

7. 5. 2　稳健性分析

本书采用缩小样本的方法来对上述问题进行稳健性分析。货币国际化本质上是货币支付手段、价值尺度、价值储备等职能的国际化。为此，本章从货币职能角度出发，基于人民币在样本国家中的支付结算、投资货币、外汇储备货币三种职能拓展情况缩小实证分析样本，继续探讨资本账户开放的人民币国际化效应问题。

第一，支付结算职能国际化拓展方面。环球银行电信协会统计数据显示，自 2012 年 8 月到 2015 年 8 月，人民币占全球支付货币总量的比重从最初的 0. 53%增长至 2. 79%，短短三年人民币占全球支付货币总量的比重增长了 5 倍之多，并成为全球第四大支付货币。由于受数据可获得性的限制，环球银行电信协会统计数据无法提供每一个国家使用人民币支付方面的数据，因此，本书无法从支付结算职能国际化拓展方面缩小样本来展开稳健性分析。所以，本书将着重对投资货币职能和外汇储备职能这两个方面展开稳健性分析。

第二，投资货币职能方面。国际货币基金组织或其他官方机构暂时还没有关于人民币在国际货币或者人民币在全球债券金融市场中所占比重的相关数据，但本书认为可以通过人民币互换协议和人民币离岸债券市场两个方面来确定人民币在投资货币职能方面的子样本。通过人民币互换协议的签订，人民币可以通过官方渠道流入签订国家的金融体系中，对方商业机构也可以借到一定数量的人民币，并用这些人民币进行投资或贸易交易，这大大增加了人民币在国际投资货币中所占的比重。根据中国人民银行网站信息，本书统计了2008年以来中国人民银行与各国（地区）货币互换的相关信息，具体参见附表13。另外，人民币离岸债券市场在近年来获得了快速提升，2007年1月，中国人民银行规定境内机构在获得批准之后可以在香港发行人民币债券。2007年6月，中国人民银行联合国家发展与改革委员会共同发布《境内金融机构赴香港特别行政区发行人民币债券管理暂行办法》。在此之后，中国境内多家商业银行和金融机构，以及一些境内跨国公司均在中国境外发售了人民币债券。表7-6列出了2007年以来一些具有代表性的人民币离岸债券的发行信息。

表7-6　2007年以来代表性人民币离岸债券发行统计表

时间	事件
2007.7	国家开发银行在中国香港发行50亿元债券，这是中资银行首次向大陆以外区域发行人民币计价债券
2011.5	世界银行发行人民币债券，总额为人民币5亿元（相当于7 600万美元），偿还日期为2013年1月14日，票面息率0.95%，每半年付息一次。这是2011年中国香港资本市场发行的第一只人民币债券，也是世界银行有史以来首次发行的人民币债券。汇丰集团是此次世界银行人民币债券发行的主承销商
2012.4	汇丰银行在伦敦发行了第一支人民币债券，主要针对英国及欧洲大陆国家投资者，总规模为10亿元
2014.10	中国工商银行（亚洲）有限公司在韩国发行1.8亿元（约合2 900万美元）债券，这是中资企业在韩国市场发行的首笔人民币债券
2014.10	英国政府表示将由中国银行、汇丰银行和标准渣打银行发行首批人民币债券
2014.11	财政部于11月17日在中国香港发行120亿元国债，包括2年、3年、5年及10年期四种期限品种，面向机构投资者和中国香港居民发行
2015.7	中国银行阿布扎比分行在迪拜纳斯达克交易所举行开市摇铃仪式，宣布20亿元“一带一路”人民币债券在迪拜纳斯达克正式上市

注：作者根据中国人民银行网站数据整理。

由于中国人民银行与其他国家和地区的货币管理当局签订的货币互换协议在2009年之后才进入新的发展阶段，以及大部分人民币离岸债券的发行也都发生在2009年以后，因此此部分的稳健性分析在时间样本上仅选择第二个时间段，即2010Q1—2013Q4。具体的样本国家包括斯里兰卡、冰岛、阿联酋、文莱、巴西、新加坡、马来西亚、巴基斯坦、泰国、印度、韩国、新西兰、尼泊尔、印度尼西亚、匈牙利、俄罗斯和卡塔尔，具体实证回归结果见表7-7。

表7-7　稳健性分析（1）的回归结果

解释变量	（9）	（10）	（11）	（12）
常数项	2.3675***	2.0581**	2.5689***	3.8587***
	（0.1181）	（1.2464）	（1.1088）	（1.3007）
USD	2.3806**	2.7545***	1.9621*	3.3919***
	（0.0359）	（1.1624）	（1.1985）	（1.1456）
EUR	1.4858**	1.7105**	0.8132	1.3261*
	（0.5421）	（0.6316）	（0.5706）	（0.5838）
JPY	0.3539**	0.4098**	0.1879	0.2731*
	（0.1757）	（0.1991）	（0.1844）	（0.1065）
GBP	0.0189	0.1149	0.0308	0.0449
	（0.1935）	（0.1499）	（0.1995）	（0.1911）
CHF	0.1588**	0.1847*	-0.0131	0.1501*
	（0.0733）	（0.0848）	（0.1086）	（0.0742）
CNY	-1.7413***	-1.7822***	-1.1173**	-1.7327***
	（0.3654）	（0.3709）	（0.4974）	（0.4656）
$KAOPEN_1$		-0.0743		
		（0.1498）		
$KAOPEN_2$			-0.1012**	
			（0.0334）	
$KAOPEN_3$				-0.1116
				（0.2119）
AR（1）	0.8913***	0.7852***	0.8969***	0.8925***
	（0.0187）	（0.0182）	（0.0296）	（0.0199）
Adj. R	0.9997	0.9997	0.9997	0.9997
F检验	57076.09***	54770.19***	55686.84***	54805.75***
D. W.	1.9505	1.9314	2.0441	1.9523
样本数	272	272	272	272

从表 7-7 中可以看出，在 2010Q1—2013Q4 时期，模型（9）—（12）中美元、欧元、日元、瑞士法郎和英镑的实证回归结果并没有显著变化，特别是人民币在模型的实证分析结果中的回归系数几乎没变。对于人民币汇率与资本账户开放的交互变量而言，如模型（10）、（11）和（12）中实证回归结果所示，交互变量的回归系数均为负数，但只有 $KAOPEN_2 * CNY_{it}$ 的回归结果在统计上显示为显著，而 $KAOPEN_1 * CNY_{it}$ 和 $KAOPEN_3 * CNY_{it}$ 这两个交互变量实证分析结果中的回归系数在统计上显示为不显著。

第三，国际外汇储备货币职能方面。人民币发挥国际外汇储备职能是国际化的一个重要方面。近年来，随着中国全球经济地位的不断攀升，以及中国作为全球最大新兴经济体国家在危机中负责任的表现，越来越多的新兴经济体甚至是一些发达国家愿意将人民币设定为本国的官方储备货币。如表 7-8 所示，本书根据 Eichengreen 和 Lombardi（2015）的研究和中国人民银行网站公布的数据，将一些把人民币设定为本国官方外汇储备货币的国家罗列出来。同稳健分析（1）中的样本时间的截取一样，大部分国家将人民币设定为官方储备货币也都发生在 2009 年之后。因此，这部分稳健分析的样本时间的选取也以第二个时间区间为准（2010Q1—2013Q4）。样本国家具体包括斯里兰卡、马来西亚、哥伦比亚、新加坡、韩国、沙特阿拉伯、尼泊尔、智利、俄罗斯、南非、印度尼西亚、泰国、巴基斯坦和匈牙利。回归结果见表 7-9。

表 7-8　将人民币作为官方储备的代表性国家

国家	时间	备注	国家	时间	备注
玻利维亚	2012. 05	5. 8 亿美元	智利	2011. 09	9. 45 亿美元
新加坡	2011. 10	10 亿美元	泰国	2011. 11	8. 36 亿美元
乌拉圭	2012	2. 1 亿美元	阿根廷	2014. 09	16 亿美元
韩国	2012. 07	33 亿美元	南非	2013. 06	15 亿美元

注：作者根据 Eichengreen 和 Lombardi（2015）的研究以及中国人民银行网站数据整理。

表 7-9　稳健性分析（2）的回归结果

解释变量	（13）	（14）	（15）	（16）
常数项	2. 118 4**	1. 240 1	3. 180 3**	3. 480 3***
	（1. 217 7）	（1. 357 4）	（1. 218 8）	（1. 423 9）
USD	2. 380 6**	3. 754 5***	2. 062 1*	4. 560 3***
	（1. 035 9）	（1. 162 4）	（1. 108 5）	（1. 188 4）

表7-9(续)

解释变量	(13)	(14)	(15)	(16)
EUR	2.413 9***	3.171 5***	2.147 2***	1.841 6**
	(0.612 8)	(0.837 5)	(0.662 2)	(0.666 2)
JPY	0.584 5***	0.811 1***	0.523 7***	0.336 8*
	(0.187 6)	(0.203 4)	(0.198 3)	(0.126 6)
GBP	0.399 1*	0.556 6**	0.390 9*	0.369 4*
	(0.211 7)	(0.288 7)	(0.121 2)	(0.223 6)
CHF	0.294 8***	0.368 9***	0.125 6*	0.273 1***
	(0.081 9)	(0.114 8)	(0.010 1)	(0.081 9)
CNY	-2.231 5***	-1.340 8***	-1.088 9***	-2.100 1***
	(0.418 9)	(0.431 3)	(0.476 1)	(0.414 4)
$KAOPEN_1$		-0.130 3		
		(0.061 9)		
$KAOPEN_2$			-0.032 9	
			(0.038 2)	
$KAOPEN_3$				-0.471 3*
				(0.236 4)
AR (1)	0.755 6***	0.744 3***	0.760 9***	0.770 7***
	(0.018 6)	(0.016 1)	(0.020 2)	(0.029 2)
Adj. R	0.999 8	0.999 8	0.999 8	0.999 8
F 检验	65 614.50***	62 942.09***	62 707.00***	63 238.38***
D. W.	1.975 6	1.942 4	1.983 0	1.998 8
样本数	224	224	224	224

从表 7-9 中可以看出，在样本时间内（2010Q1—2013Q4），美元的四个模型的实证分析结果均为正数且统计上均为显著。值得注意的是，美元在这四个模型实证分析的结果中的回归系数值呈现出逐步增加的趋势。与美元不同的是，欧元、日元、瑞士法郎在这四个模型实证分析的结果中的回归系数较为稳定，没有明显的变化；英镑在这四个模型实证分析结果中的显著性上呈现出变化；而人民币则在这四个模型中均呈现出统计上的显著。人民币汇率与资本账户开放的交互变量在模型实证分析结果中的回归系数均为负数。交互变量在稳健性分析（2）中的回归结果同之前全体样本的基础性回归结果相一致，$KAOPEN_1 * CNY_{it}$ 和 $KAOPEN_2 * CNY_{it}$ 在稳健性分析（2）回归结果的统计上

均为不显著，只有 $KAOPEN_3 * CNY_{it}$ 在回归结果的统计上为显著。

由以上稳健性（2）的实证分析结果，我们可以看出以下几点：

第一，当模型中没有加入人民币汇率与资本账户开放的交互变量时（模型5、模型9和模型13），新兴经济体都将美元、日元、欧元、瑞士法郎和人民币设定为“锚定货币”，且其中美元和人民币在统计上较为显著。

第二，当模型中加入人民币汇率与资本账户开放的交互变量时，在样本时间区间内（2010Q1—2013Q4），$KAOPEN_2 * CNY_{it}$ 和 $KAOPEN_3 * CNY_{it}$ 对模型中的被解释变量具有统计上的显著性，而 $KAOPEN_1 * CNY_{it}$ 对模型中的被解释变量却没有统计上的显著性，这种情况与之前的基础性回归结果是一致的。通过对模型中人民币汇率与资本账户开放的交互变量回归系数的比较，我们可以发现，虽然这些回归系数数值较低，但资本账户开放通过人民币汇率机制会对新兴经济体汇率变动造成影响，新兴经济体的主权货币汇率波动会在一定程度上参照人民币汇率的波动。这意味着资本账户开放将有助于增强人民币在新兴经济体货币体系中的地位，从而有助于人民币在新兴经济体推进国际化进程。三个交互变量在实证回归模型中的回归系数值均为负数，意味着资本账户开放将给人民币带来升值压力，而给样本中的新兴经济体主权货币带来贬值压力。同样地，我们也可以发现在稳健性（2）的回归结果中，人民币汇率变量的回归系数也均为负数，这意味着人民币汇率的变动以及由资本账户开放带来的人民币汇率的变动与样本中新兴经济体的主权货币汇率的变动方向为相反方向，即当人民币汇率升值时，或者由人民币资本账户开放所带来的人民币汇率升值时，会使样本中新兴经济体的主权货币的汇率贬值。之所以会产生这种现象，本书认为其中原因有三点：首先，受全球金融危机影响。样本时间区间正好处于危机之后，受全球金融危机影响，世界各经济体都出现了经济增长动力不足、国内经常项目顺差大幅减少等问题，部分经济体的资本项目甚至出现了逆差。此时，全球跨境资本流动数量也出现了严重下滑倾向。在这样的国内国际环境下，样本中的新兴经济体主权货币的汇率具有明显的下降压力，且货币贬值预期明显；而危机后的中国，相较于其他新兴经济体，经济仍处在稳定增长阶段，国际收支也仍处于顺差状态，人民币在国际货币体系中的地位在样本区间内的这段时间里也处于不断上升趋势，人民币在国际货币体系中承担的角色也越来越重要，因此，这段时期里人民币是处于升值阶段的，且升值预期也较为明显。其次，受美国推出量化宽松货币政策的影响。美国推出量化宽松货币政策，美国货币市场资本回报率逐渐上升，这令大量国际资本从新兴经济体流出，从而加剧了新兴经济体经济的衰退，新兴经济体主权货币开始出现贬值；

而此时的中国国内经济发展虽然由之前的高速发展转为中高速发展，但整体上中国经济仍处于健康状态，经常项目顺差占 GDP 比重仍较为稳定，国际外商投资也仍处于较高水平，人民币也顺利地加入了特别提款权的货币篮子。除此之外，中国外汇储备充足、财政状况良好等宏观经济条件都在一程度上支撑着人民币汇率走高，使人民币汇率和样本中的新兴经济体主权货币汇率在这段时间内出现变化方向相反的现象。最后，受贸易条件恶化的影响。样本区间内，国际大宗商品价格严重下跌，同时，国际能源开采量也开始锐减，这令以资源、能源型产品出口为主的样本中的新兴经济体的贸易条件不断恶化。中国作为样本中的新兴经济体的重要贸易伙伴和资本输出国，如果样本中的新兴经济体的主权货币相对人民币升值的话，则必将不利于该新兴经济体向中国出口产品，也不利于吸收从中国流出的人民币资本。

第三，从中国资本账户实际开放度可以看出，2010Q1 以来，$KAOPEN_1$、$KAOPEN_2$ 和 $KAOPEN_3$ 表示的基于实际资本账户开放度测度的中国资本账户开放水平呈现出下降趋势；而在 2010Q1—2013Q4 时间区间内，“货币锚”模型的实证基础回归和稳健性分析中，人民币汇率与资本账户开放的交互变量 $KAOPEN_2 * CNY_{it}$ 和 $KAOPEN_3 * CNY_{it}$ 对模型中被解释变量的影响在统计上都存在显著影响，这在某种程度上说明了中国资本账户开放水平有一定程度的下降，但并不一定会使人民币国际化进程减缓。

7.6 本章小结

本章节运用经典的“货币锚”模型在面板数据基础上，分析了 2002Q1—2009Q4 与 2010Q1—2013Q4 两个时间段里资本账户开放的人民币国际化效应。在样本国家的选取上，本章摒弃了以往文献的人民币国际化地理拓展的角度，从人民币职能扩展的维度选择人民币国际化路径。通过实证分析我们可以看出，人民币资本账户开放将有利于人民币在新兴经济体成为“锚定货币”，即在人民币汇率作用机制下，资本账户开放具有人民币国际化效应。中国在新兴经济体范围内资本账户开放的人民币国际化效应较为明显，提高人民币资本账户开放程度会使人民币对新兴经济体主权货币的汇率产生显著影响，进一步打开中国资本账户会让更多对中国存在市场和产品依赖的新兴经济体在国际货币中选择人民币。

8　结论、建议与展望

本书在非线性框架下分析了初始条件与资本账户开放经济增长效应和金融风险效应之间的关系，结合门槛分析的实证结果，构建了资本账户开放条件成熟度模型，重点探讨了资本账户开放“何时开放”以及“如何开放”的问题。接着，本书又进一步探讨了资本账户开放的效应问题，尝试解决“资本账户开放会带来什么影响”的问题，并运用定量分析的方法，实证分析了资本账户开放的跨境资本流动效应和人民币国际化效应。通过对上述几个问题的细致研究，本书得出了有一定学术价值并且具有一定理论和实践意义的结论。本章首先将之前得出的所有结论进行回顾和总结，然后据此提出相对应的政策建议，最后针对本书论点进行进一步展望并指出未来可以继续展开研究的方向；同时，对本书在写作过程中的不足之处进行总结，未来会在此基础上针对这些不足之处继续研究。

8.1　主要结论

本书围绕资本账户“何时开放”“如何开放”以及“开放后会带来什么影响”的逻辑思路展开研究，阐述了一国资本账户开放的“条件—行为—效应”循环机制。在研究过程中，本书从不同视角对资本账户开放的条件、时机以及效应进行了深入探讨，并运用多种研究方法对相关问题进行系统的剖析与阐释，得出以下主要结论：

第一，关于资本账户开放条件问题的分析。本书研究发现一国金融发展、制度质量、贸易开放程度、宏观经济政策环境等一系列初始条件会对资本账户开放的综合效应造成影响，且具有显著的“门槛效应”。当一国具有较高的金融发展程度、较好的制度质量、良好的地方债务、充足的外汇储备以及汇率制度富有弹性时，政府放开资本账户管制不仅会有助于提高资本账户开放的经济增长效应，而且还可以降低开放的风险，从而使资本账户开放的综合效应最大化。

第二，本书研究发现一国金融发展、制度质量、贸易开放程度以及宏观经济环境等初始条件对资本账户各子领域综合效应影响的门槛值也是有差异的。本书分析了资本账户各子领域开放所产生的经济增长效应和金融风险效应。同时，各初始条件对资本账户各子领域中的流入和流出两个方面门槛作用的门槛值也具有差异性。关于资本账户有序开放的路径选择问题的研究实际上是对第一个问题的深化研究，旨在探讨一国如何根据自身初始条件状况，在资本账户开放综合效应最大化的目标下有序规划和安排资本账户各子领域的开放。

第三，关于资本账户开放跨境资本流动效应问题的分析。本书研究发现：①在外商直接投资和对外证券投资方面，无论是新兴经济体还是发达经济体，资本账户开放都会对这两类跨境资本流动规模起到促进作用，且这种促进效应会随着金融发展水平的提升而增强，呈现出非线性特征。同时，外商直接投资非线性模型估计出的金融发展水平位置参数值恰好使得大多数新兴经济体落入低区制内，发达经济体落入高区制内，这说明了金融发展水平并未在新兴经济体普遍提升资本账户开放的跨境资本流动效应，而在发达经济体普遍提升了资本账户开放的跨境资本流动效应。②在对外直接投资和对内证券投资方面，当金融发展水平处于较低水平（低于对应的位置参数估计值）时，资本账户开放会降低对外直接投资和对内证券投资规模；而当金融发展水平较高（高于对应的位置参数估计值）时，资本账户开放会促进对外直接投资和对内证券投资。③相较于发达经济体而言，新兴经济体的四类跨境资本流动（外商直接投资、对外直接投资、对外证券投资和对内证券投资）与资本账户开放之间非线性关系的转换速度更快。我们前面分析得出，资本账户开放对跨境资本流动的影响并非一成不变，而是会随着时间的推移发生动态变化，这种现象对新兴经济体的影响更加显著。

第四，关于资本账户开放的人民币效应问题的分析。本书研究发现，尽管中国政府对实际资本账户开放持循序渐进、稳步推进的原则，整个进程保持稳健状态，但我国当前的金融发展水平已经与我国在世界上的经济地位相差太多，审慎推进不代表裹足不前；而且大量研究表明人民币在国际市场上隐形“货币锚”的地位会随着资本账户开放速度加快而得到巩固，中国坚持打开国门，就意味着不仅要在货物贸易等经常项目方面对外开放，金融开放也应该加速进行，这是实现人民币国际化的重要步骤。此外，中国在新兴经济体范围内的隐形“货币锚”地位相对更高，资本账户开放引起的人民币国际化效应较为明显，因此，中国逐步提高资本账户开放程度会显著影响新兴经济体货币币值的波动，可以让包括“一带一路”范畴内的新兴经济体更多与中国进行贸易往来和使用人民币结算，增加人民币在新兴经济体的市场占有率，提高对中国产品和人民币的依赖，从而选择人民币作为“锚定货币”。

8.2 政策建议

第一，我国实施资本账户开放之前，应当先全面深化国内改革，在防范系统性金融风险的框架下，加强国内金融产业营商环境、制度环境建设，优化政府支出结构，全面防范控制地方债务水平，加快违规 PPP 项目库清理，以及完善外汇储备管理和汇率制度形成机制，从而为中国加快推进资本账户开放，从中获取最大效应营造良好的国内金融环境。

首先，资本账户改革的推进应当与配套的经济、政治环境和金融改革相结合。一国应在保证国内的政治环境和宏观经济稳定的基础上进行金融市场改革，加强相关法律法规的设立与调整，提高国家民主程度和政治稳定性，加强金融市场建设，提高金融体系运行效率和市场监管的有效性，为进一步推进资本账户改革创造有利的条件（高禄 等，2018；顾海兵 等，2013）。其次，应协调经常项目开放与资本项目开放的关系，注意贸易开放度对资本账户自由化进程的“倒 U 形”影响，促使二者协调发展。同时，一国应加强资本项目流动监管，建立相关管理机构，加强对实际资本流动的监控，尤其是加强对“地下”资本流动项的管理，及时对相关法律和政策法规进行调整更新，避免监管的法律法规出现滞后的现象（韩龙，2012）。最后，资本账户开放不宜操之过急，应根据自身的政治、经济和金融基础的发展状况，合理地安排资本项目改革的进程和节奏，不必受到他国或利益集团的影响，过快或过慢地进行相关的改革。资本账户开放应当与其他相关改革协调推进，科学合理地安排各项改革的顺序和步伐，在风险可控的前提下稳步推进资本账户开放（朱孟楠 等，2017；张勇，2015）。

中国在借鉴国际经验时，不能只看到资本账户开放需要具备初始条件的门槛，还应该看到门槛条件逐步提高的趋势。因此，资本开放的时机选择亦是十分重要的，要在资本账户开放对经济基础条件的间接促进效应和对经济基础条件要求提升的时间成本之间进行权衡，通过宏观经济政策调整和建立资本流动管理框架以规避资本账户开放的风险，并在此基础上加快开放（何帆，2009）。具体而言，中国可成立强有力的机构，推动制度改革和对外开放，完善和提高顶层设计，避免发生改革难以深入推行的情况。此外，境内外经济金融联系将会日益紧密，伴随着资本账户开放程度的不断扩大，央行以及外汇管理局监测跨境资本流动的压力会增大，对国内金融管理机构的要求也会不断提高。根据利率平抛理论，在资本账户开放的情况下，只要存在着境内外利差，具有投资性的国际资本就会从利率低的地方转移到利率高的地方，大规模的跨境资本流动就需要国内金融监管机构解决国际资本进行市场套利的问题（胡小文，2015）。因此，需要加强各金融监管部门的统筹协调，加强资本账户开放管理的顶层设计。对此，需要由央行牵头，协同中国证监会、银保监会等多部门统一监管资本账户开放后的资本市场和外汇市场。加强资本市场基础建设，完善资本市场交易机制和治理结构，增加相应金融监管部门的学习培训以提高相应的防范市场风险能力；构建多层次、丰富高效的资本市场体系，增强市场对资本的吸收与配置作用。外汇管理局需要加强对国际资本跨境流入国内的情况的监测和准备相应的措施，要实时掌握并定期报告跨境资本流入国内股市的动向；防止短期资本在短时间内大进大出对国内金融业和经济环境造成负面冲击。此外，银保监会应联合央行对规模较大的跨境流动资金进行政策备案，对资本账户下各个子项目也应进行定期监测。

第二，新兴经济体特别是中国应找到稳健、有序的资本账户开放路径。

在之前的资本账户开放过程中，中国在最大限度地减少金融风险的同时也保证了经济的高速增长，获得了相应的经济增长效应以及降低金融风险效应，主要就是由于选择了合适的资本账户子领域开放顺序，并且在推动资本账户开放过程中始终遵循渐进有序开放的原则。习近平总书记强调金融应该为实体经济服务，因此我们可以优先开放服务实体经济的资本账户子领域比如直接投资、贸易信贷等，由于这些交易行为与经常项目结合紧密，且大多数存在真实的贸易背景，因而我们将这类开放之后风险效应较低的、稳定性较高的领域优先进行开放；而类似于金融性资本交易如证券投资等风险效应较大的资本账户子项目，应审慎开放。金融性资本交易属于投机性资本，缺乏实物交易背景往往容易增加金融资产杠杆率，加剧资产泡沫风险。20 世纪一些新兴经济体经济体在开放资本账户后遇到大量投机性资本流出、流入，最终酿成金融危机。因此，我国对资本账户下金融性资本交易开放应采取审慎态度，应该在条件成熟、风险可控的情况下选择开放。之前中国人民银行课题组经过长期调研分析，设计出一份符合中国国情的资本账户开放路径，即先开放长期类资本项目，后开放短期类资本项目如房地产、股票等（陆长荣 等，2016）。中国房地产、股票等市场本身发展不健全，现在还处于从初级阶段走向成熟的过程之中，发展程度较低；此外，我国房地产存在大量泡沫，抵御外来资本冲击的能力较低。此时若未等相应体制机制健全就盲目开放短期类资本账户项目，会使得中国的金融资产泡沫进一步加大，加大金融风险发生概率；更严重的是，有可能会导致中国发生资本大规模外逃的事件，酿成金融危机，给改革开放四十年的成果造成巨大损失。

此外，由于各子领域流入流出方向不同，初始条件对各子领域资本账户开放门槛作用的门槛值也是不相同的。因此，资本账户有序开放不仅体现在各子领域之间的有序开放，还体现在同一子领域的流入和流出两个方向的有序开放（李靖，2014；李坤望 等，2012）。通过前文实证分析的结果，我们可以看出，在直接投资类和股本证券投资类，资本项目应先对外开放再对内开放；而对债务资本类资本则应先对外开放再对内开放。当前，中国的资本流入流出规模已经非常大，其中可能产生的风险因素也较多，这就要求中国金融监管机构及时追踪资本账户开放下跨境资金的流入流出，未雨绸缪，提前制定相关的危机预案，切实加强跨境资金流动监管，提高对整体风险防范的把控力（李丽玲 等，2016；李巍，2014；李巍，2016）。具有投机性的国际资本总是偏好存在利率差的国家。要想在金融市场上让市场对资源配置起到决定性作用，国内利率水平必须能够真实反映出国内资本的稀缺程度，这就要求增强利率的自我调节能力，政府及金融机构应深入推进利率市场化改革。由于国际资金的流入流出受利率影响很大，通过在政策工具上增强管理灵活性，能够有效管理国际资本的流入流出，引导适度规模的国际资金流入，避免大规模的资金流出。我国应逐步消除利差，制定长期产业规划，使国际资本在流入国内后可投资到长期投资项目上，优化利用外资水平。前文对资本账户开放的定义明确指出，资本账户虽然开放，但并不是无管理的开放，开放跟宏观调控、审慎治理并不冲突，我们在资本账户开放之前必须制定必要的资本管制管理措施，阻止资本的大进大出对国内经济稳定造成冲击，杜绝国内外资本的非法流出现象，最大限度减少资本外逃（李欣欣 等，2015；林博，2013）。

第三，积极协调新兴经济体和发达经济体之间的资本账户开放政策。

国际资本流动的全面管理，离不开新兴经济体和发达经济体之间的政策协调，中国作为第一大新兴经济体有必要和责任将新兴经济体和发达经济体之间的政策协调规范化、机制化，一方面可以避免新兴经济体内部实施“以邻为壑”的资本流动管理政策，另一方面也可以最大限度地降低全球金融系统内核心国家因实施国内金融政策所带来的负外部性（霍伟东，2013；霍伟东，2015；江小娟，2002）。

第四，协调推进资本账户开放与人民币国际化战略。

中国在未来要逐步深化金融领域的改革开放，两条主要的路径便是资本账户开放和人民币国际化；同时，这两条主要路径也与中国的金融开放相辅相成，协调推进（雷文妮 等，2017；李稻葵，2008；李稻葵，2011）。资本账户开放有助于推动人民币国际化进程，但若是开放条件不成熟，开放时机不正确，开放路径有偏颇，则会给国内稳定的宏观经济现状带来巨大的冲击，提高发生系统性金融风险的概率，甚至引发金融危机（高洪民，2016）。怎样把控资本账户的开放程度，使之既能更好地推进人民币国际化进程又可以有效防范开放后带来的跨境资本流动冲击，是当前中国需要认真对待的问题。为此，人民币想要实现国际化，成为世界通用的国际货币，就必须要具备“结算、投资和储备货币”等国际货币一般职能。据此，我们根据研究内容以及结论提出进一步开放资本账户的相关政策建议：在国际贸易中增加使用人民币结算的项目，充分发挥人民币的投资货币职能，增加在国际投资中人民币所占比重，尤其是在“一带一路”沿线国家内的投资项目以及基础原材料、石油等大宗商品交易中增加使用人民币结算的规模跟范围，进一步强化人民币在一些新兴经济体的结算货币的地位，推动建立以人民币为计价单位的货物服务贸易，逐步实现人民币由贸易结算职能向贸易品计价职能转变（林乐芬 等，2015；林毅夫，2014）。我国在推进人民币国际化进程中要强调新兴经济体的重要地位，尝试性地以新兴经济体为区域基础构建“人民币区”。

8.3 研究展望

本书在非线性框架下分析了初始条件与资本账户开放的经济增长效应与金融风险效应之间的关系，并从跨境资本流动和人民币国际化两个方面研究了资本账户开放的效应问题。从长远来看，全球经济一体化仍然是大势所趋，中国要想成为世界一流强国，人民币必须走出国门，金融发展程度要实现与贸易发展成就相匹配的目标；而资本账户也必然会开放，国内外资金自由流动，跨境资本自由进出，最终实现货物、信息和人才的自由流动。要实现这一目标，当前我国还需要进一步深化对内改革，提升产业结构水平，完成资本账户开放先决条件建设，越过资本账户开放门槛，为最大化资本账户开放收益做好准备。

可以说，本书的研究内容具有一定的学术价值，但是本书仍然存在一些不足，有待后续进一步研究。

首先，研究内容范围不够广。由于篇幅的限制加之研究内容的侧重点，本书主要在关于资本账户开放的效应分析方面重点考察了资本账户开放对跨境资本流动效应和人民币国际化效应两个方面的影响，然而资本账户开放对一国宏观经济金融系统的影响还体现在一国的外汇储备、商业银行信贷危机、汇率制度改革等方面。另外，本书只探讨了金融发展对资本账户开放的跨境资本流动效应的非线性的影响，而金融发展也可能对资本账户开放其他效应存在非线性影响，例如外汇储备、AH 股票溢价等方面。各国特别是新兴经济体更好地获得资本账户开放所带来的正向效应，降低其所带来的负向效应，需要相应理论支持，而本书并未给予研究。

其次，实证分析有待进一步细化。本书重点分析了资本账户开放对一国跨境资本流动状况及货币国际化的影响，并没有细化分析其对资本账户项目下各子领域的不同影响效应。资本账户项目分为直接投资资本、股本证券资本以及债券投资类资本等不同类别的子项目，为了区分不同类型资本项目开放对一国宏观经济的影响，还可以运用动态一般均衡模型对资本账户各子领域的开放进行政策模拟，评估出背后潜在的风险。另外，本书更偏向于从经济学的视角来分析资本账户开放对人民币国际化效应的影响，但人民币国际化不仅仅是一项经济层面的自发的工程，更是一项具有浓重的政府推动色彩的工程。因此，之后的资本账户开放的人民币国际化效应研究，有必要引入政治机制，从政治经济学的角度实证分析资本账户开放的人民币国际化效应。

最后，相关的理论分析深度不足，有待后续深入研究。本书采用的基于利率平价理论的模型大多基于宏观层面展开，缺乏微观基础。例如资本账户开放的跨境资本流动模型中没有引入家庭和厂商等市场微观基础如何在国际资本流动过程中追逐效用最大化和利益最大化。因此，本书的理论模型还存在进一步拓展和创新的空间，有待在后续研究中加入微观层面的影响进行分析，以此更加全面地对资本账户开放相应政策的变化机制进行分析。

参考文献

白晓燕，王培杰，2008. 资本管制有效性与中国汇率制度改革［J］. 数量经济技术经济研究（9）：65-76.

陈炳才，田青，2013. 资本账户开放与人民币国际化［J］. 中国金融（11）：51-52.

陈雨露，2008. 国际金融学［M］. 北京：中国人民大学出版社.

陈元，钱颖一，2014. 资本账户开放——战略，时机与路线图［M］. 北京：社会科学文献出版社.

程惠芳，朱一鸣，潘奇，等，2016. 中国的资本账户开放、汇率制度改革与货币危机［J］. 国际贸易问题（11）：165-176.

邓敏，2013. 发展中国家金融开放的时机抉择及政策选择［D］. 上海：华东师范大学.

邓敏，蓝发钦，2013. 金融开放条件的成熟度评估：基于综合效应的门槛模型分析［J］. 经济研究，48（12）：120-133.

邓敏，2013. 制度质量对金融开放效应影响的最新进展［J］. 经济体制改革（2）：135-139.

丁一兵，2016. 离岸市场的发展与人民币国际化的推进［J］. 东北亚论坛（1）：21-30.

董青马，卢满生，2010. 金融开放度与发展程度差异对银行危机生成机制影响的实证分析［J］. 国际金融研究（6）：79-85.

方显仓，孙琦，2014. 资本账户开放与我国银行体系风险［J］. 世界经济研究（3）：9-87.

冯维江，2010. 国际货币权利的历史经验与“第三世界货币区”的可能性［J］. 当代亚太（5）：23-50.

弗里德曼，2001. 货币数量论研究［M］. 北京：中国社会科学出版社.

付争，许佳，2014.“人民币区”初现与中国培育区域性货币依赖的可能性分析［J］当代亚太（4）：101-125.

高海红，余永定，2010. 人民币国际化的含义与条件［J］. 国际经济评论（1）：46-64.

高海红，2016. 人民币国际化的基础和政策次序［J］. 东北亚论坛（1）：11-20.

高洪民，2016. 基于两个循环框架的人民币国际化路径研究［J］. 世界经济研究（6）：3-11.

高禄，车维汉，2018. 资本账户开放的经济基础条件分析［J］. 世界经济研究（2）：13-134.

顾海兵，夏梦，2013. 基于国家经济安全的资本账户开放程度实证分析［J］. 学习与探索（6）：106-110.

顾乃康，王贵银，2012. 中国上市公司资本结构调整中的临界效应检验——基于门槛回归模型的研究［J］. 中山大学学报（社会科学版），52（3）：195-206.

郭桂霞，彭艳，2016. 我国资本账户开放的门槛效应研究［J］. 金融研究（3）：42-58.

韩龙，2012. 美元崛起历程及对人民币国际化的启示［J］. 国际金融研究（10）：37-46.

何帆，2009. 人民币国际化的现实选择［J］. 国际经济评论（7）：8-14.

胡小文，章上峰，2015. 利率市场化、汇率制度改革与资本账户开放顺序安排——基于 NOEM-DSGE 模型的模拟［J］. 国际金融研究（11）：14-23.

胡逸闻，戴淑庚，2015. 人民币资本账户开放的改革顺序研究——基于 TVP-VAR 模型的期限结构分析［J］. 世界经济研究（4）：13-127.

霍伟东，杨碧琴，2013. 自由贸易区战略助推人民币区域化——基于 CAFTA 的实证研究［J］. 国际贸易问题（2）：68-80.

霍伟东，2015. 人民币区研究［M］. 北京：人民出版社.

江小涓，李蕊，2002. FDI 对中国工业增长和技术进步的贡献［J］. 中国工业经济（7）：5-16.

姜波克，朱云高，2004. 资本账户开放研究：一种基于内外均衡的分析框架［J］. 国际金融研究（4）：12-19.

姜波克，1999. 论开放经济下中央银行的冲销手段［J］. 金融研究（5）：1-4.

科什纳. 货币与强制：国际货币权利的政治经济学［M］. 李巍，译. 上海：上海世纪出版集团.

雷达，赵勇，2007. 门槛效应、资本账户开放与经济增长［J］. 中国人民大学学报（6）：25-33.

雷达，赵勇，2008. 中国资本账户开放程度的测算［J］. 经济理论与经济管理（5）：5-13.

雷文妮，金莹，2017. 资本账户开放与经济增长——基于跨国面板数据的研究［J］. 国际金融研究（1）：59-67.

李稻葵，刘霖林，2008. 人民币国际化：计量研究及政策分析［J］. 金融研究（11）：1-16.

李稻葵，徐欣，伏霖，2011. 人民币国际化的路径研究［R］. 北京：清华大学中国与世界经济研究中心.

李靖，2014. 人民币国际化道路设计的再评估［J］经济社会体制比较（1）：42-51.

李坤望，刘健，2012. 金融发展如何影响双边股权资本流动［J］. 世界经济（8）：22-39.

李丽玲，王曦，2016. 资本账户开放、汇率波动与经济增长：国际经验与启示［J］. 国际金融研究（11）：24-35.

李巍，2008. 资本账户开放、金融发展和经济金融不稳定的国际经验分析［J］. 世界经济（3）：34-43.

李巍，朱艺泓，2014. 货币盟友与人民币的国际化——解释中国央行的货币互换外交［J］. 世界经济与政治（2）：128-154.

李巍，2016. 伙伴、制度与国际货币——人民币崛起的国际政治基础［J］. 中国社会科学（5）：79-100.

李欣欣，刘海龙，2015. 市场非均衡与中国资本账户开放风险［J］. 财经研究，41（3）：17-110.

林博，2013. 人口结构、资本流动与全球经济失衡［J］. 世界经济研究（7）：8-14.

林乐芬，王少楠，2015. “一带一路”建设与人民币国际化［J］. 世界经济与政治（11）：72-90.

林毅夫，2014. 金融改革着力点［J］. 北大商业评论（7）：35-39.

陆长荣，丁剑平，2016. 我国人民币国际化研究的学术史梳理与评述［J］. 经济学动态（8）：93-101.

马杰，邵晨颖，2007. 基于Klein资本开放模型的实证研究及其对中国的启示［J］. 中央财经大学学报（5）：69-74.

马西森，1995. 资本账户自由化经验和问题［M］. 北京：中国金融出版社.
倪权生，潘英丽，2009. G20国家资本账户开放度比较研究——基于改进的约束式测度法［J］. 世界经济研究（2）：19-87.
裴长洪，余颖丰，2011. 人民币离岸债券市场现状与前景分析［J］. 金融评论，3（2）：40-124.
彭红枫，谭小玉，陈文博，等，2015. 亚洲货币合作和人民币区域化进程——基于带傅里叶变化的SURADF实证探究［J］. 世界经济研究（1）：36-47.
彭红枫，谭小玉，占海伟，2018. 资本账户开放：影响因素与国际经验［J］. 武汉大学学报（哲学社会科学版），71（2）：119-129.
羌建新，2005. 浅析发展中国家资本账户开放的前提条件［J］. 国际关系学院学报（3）：40-45.
邵军，徐康宁，2008. 制度质量、外资进入与增长效应：一个跨国的经验研究［J］. 世界经济（7）：3-14.
邵路遥，刘尧成，2016. 中国资本账户开放与人民币国际化的关系研究——基于国际经验比较的影响因素分析［J］. 上海经济研究（3）：37-43.
苏治，李进，2013. 人民币区域化的现状与发展战略——以东盟和东亚地区为例［J］. 财贸经济（4）：50-57.
孙杰，2014. 跨境结算人民币化还是人民币国际化?［J］. 国际金融研究（4）：39-48.
孙俊，于津平，2014. 资本账户开放路径与经济波动——基于动态随机一般均衡模型的福利分析［J］. 金融研究（5）：48-64.
孙凯，2014. 对我国国际资本流动与FH关系式的再考察［J］. 经济问题探索（12）：145-150.
孙力军，2008. 金融发展、FDI与经济增长［J］. 数量经济技术经济研究（1）：3-14.
王国松，曹燕飞，2012. 我国资本账户与金融开放测度研究：1982—2010［J］. 国际经贸探索，28（11）：68-76.
王锦慧，蓝发钦，2007. 资本项目开放促进中国经济增长的实证研究［J］. 上海金融（10）：10-14.
王曦，陈中飞，王茜，2015. 我国资本账户加速开放的条件基本成熟了吗?［J］. 国际金融研究（1）：70-82.
吴官政，2012. 人民币国际化目标定位及路径分析［J］. 经济学家（2）：83-89.
项后军，潘锡泉，2011. 开放框架下包含资产因素的中国货币需求函数研究

［J］. 经济科学（5）：43-56.
熊芳，黄宪，2008. 中国资本账户开放次序的实证分析［J］. 国际金融研究（3）：57-62.
熊衍飞，陆军，陈郑，2015. 资本账户开放与宏观经济波动［J］. 经济学（季刊），14（4）：1255-1276.
杨荣海，李亚波，2017. 资本账户开放对人民币国际化"货币锚"地位的影响分析［J］. 经济研究，52（1）：134-148.
杨荣海，2014. 当前货币国际化进程中的资本账户开放路径效应分析［J］. 国际金融研究（4）：50-61.
杨子晖，陈创练，2015. 金融深化条件下的跨境资本流动效应研究［J］. 金融研究（5）：34-49.
殷剑峰，2011. 人民币国际化："贸易结算+离岸市场"，还是"资本输出+跨国企业"？——以日元国际化的教训为例［J］. 国际经济评论（4）：53-68.
游宇，黄宗晔，2016. 资本管制对融资结构和经济增长的影响［J］. 金融研究（10）：32-47.
余永定，2014. 寻求资本项目开放问题的共识［J］. 国际金融研究（7）：3-6.
余永定，2011. 再论人民币国际化［J］. 国际经济评论（5）：7-13.
张春宝，石为华，2016. 中国资本账户及各管制项目开放程度的测度研究［J］. 经济与管理，30（3）：28-33.
张国兵，安烨，2013. 人民币国际化进程中的资本账户开放分析［J］. 当代经济研究（3）：51-55.
张明，肖立晟，2014. 国际资本流动的驱动因素：新兴经济体与发达经济体的比较［J］. 世界经济（8）：151-172.
张明，2015. 人民币国际化与亚洲货币合作：殊途同归？［J］. 国际经济评论（2）：55-67.
张小波，傅强，2011. 金融开放对中国经济增长的效应分析及评价——基于中国1979—2009年的实证分析［J］. 经济科学（3）：5-16.
张勇，2015. 热钱流入、外汇冲销与汇率干预——基于资本管制和央行资产负债表的DSGE分析［J］. 经济研究，50（7）：116-130.
张宇燕，张景春，2008. 货币性质与人民币的未来选择——兼论亚洲货币合作［J］. 当代亚太（2）：9-43.
张宇燕，2010. 人民币国际化：赞同还是反对？［J］. 国际经济评论（1）：38-45.
赵家悦，2017. 中心—外围视角下国际资本流动非对称性研究［D］. 北京：对外经济贸易大学.

赵新泉，刘文革，2016. 金融发展与国际资本流动：新兴经济体与发达经济体比较［J］. 经济学家（6）：76-84.

中国人民银行调查统计司课题组，2012. 我国加快资本账户开放的条件基本成熟［J］. 中国金融（5）：14-17.

中国人民银行调查统计司课题组，2012. 协调推进利率汇率改革和资本账户开放［J］. 中国金融（9）：9-12.

周小川，2012. 人民币资本项目可兑换的前景和路径［J］. 金融研究（1）：1-19.

朱冰倩，潘英丽，2015. 资本账户开放度影响因素的实证分析［J］. 世界经济研究（7）：14-127.

朱孟楠，丁冰茜，闫帅，2017. 人民币预期汇率、短期国际资本流动与房价［J］. 世界经济研究（7）：17-29.

ALESINA A，SUMMERS L H，1993. Central Bank Independence and Macroeconomic Performance：Some Comparative Evidence ［J］. Money，Credit and Banking，25（2）.

ACEMOGLU D，ZILIBOTTI F，1997. Was Prometheus Unbound by Chance? Risk，Diversification，and Growth ［J］. Political Economy，105（4）：709-751.

AGHION P，BACCHETTA P，BANERJEE A，2004. Financial Development and Instability of Open Economy ［J］. Journal of Monetary Economics（51）：1077-1106.

AIZENMAN J ，LEE Y，RHEE Y，2007. International Reserves Management and Capital Mobility in a Volatile World：Policy Considerations and a Case Study of Korea ［J］. Japanese and International Economies，21（1）：1-15.

ALBUQUERQUE R，2003. The Composition of International Capital Flows：Risk Sharing through Foreign Direct Investment ［J］. Journal of International Economics，61（2）：353-383.

ALFARO L，KALEMLI-OZCAN S，VOLOSOVYCH V，2007. Capital Flows in a Globalized World：The Role of Policies and Institutions ［M］// Capital Controls and Capital Flows in Emerging Economies：Policies，Practices and Consequences. Chicago：University of Chicago Press.

AOKI K，BENIGNO G，KIYOTAKI N，2010. Adjusting to Capital Account Liberalization ［Z］. Discussion Paper Series.

ARIZE A C，1995. The Effects of Exchange-rate Volatility on US Exports：An Empirical Investigation [J]. Southern Economic, 62 (1): 34-43.

ARORA V, HABERMEIER K, OSTRY J D, 2013. The Liberalization and Management of Capital Flows: An Institutional View [J]. Revista De Economia Institucional, 15 (28): 205-255.

ARTETA C, EICHENGREEN B, WYPLOSZ C, 2001. When Does Capital Account Liberalization Help More Than It Hurts? [Z]. National Bureau of Economic Research.

AXEL D, 2006. Does globalization affect growth? Evidence from a new index of globalization [J]. Applied Economics, 38 (10).

BAILLIU J N, 2000. Private Capital Flows, Financial Development, and Economic Growth in Developing Countries [R]. Bank of Canada.

BALASUBRAMANYAM V N, SALISU M, SAPSFORD D, 1996. Foreign Direct Investment and Growth in EP and IS Countries [J]. Economic Journal (1): 92-105.

BARRO R J, LEE J W, 2013. A new data set of educational attainment in the world, 1950—2010 [J]. Development Economics, 104 (15902): 184-198.

BARRO R J, 1996. Determinants of Economic Growth: a Cross-country Empirical Study [Z]. National Bureau of Economic Research.

BARRO R J, 1991. Economic Growth in a Cross Section of Countries [J]. The Quarterly Journal of Economics, 106 (2): 407-443.

BARRY E, DOMENICO L, 2015. Rmbi or Rmbr: Is the Renminbi Destined to Become a Global or Regional Currency? [Z]. NBER Working Paper.

BARRY E, 2014. Issues for Renminbi Internationalization: An Overview [Z]. ADBI Working Paper, No. 454.

BEKAERT G, HARVEY C R, LUNDBLAD C, 2005. Does financial liberalization spur growth? [J]. Social Science Electronic Publishing, 77 (1): 3-55.

BEKAERT G, 1995. Market Integration and Investment Barriers in Emerging Equity Markets [J]. World Bank Economic Review, 9 (1): 75-107.

BHAGWATI J, 1998. The Capital Myth: The Difference Between Trade in Widgets and Dollars [J]. Foreign Affairs, 77 (3): 7-12.

BLANCHARD O, OSTRY J D, GHOSH A R, 2016. Capital Flows: Expansionary or Contractionary? [J]. American Economic Review, 106 (5): 565-569.

BONFIGLIOLI A, MENDICINO C, 2004. Financial Liberalization, Banking Crises and Growth: Assessing the Links [R]. Stockholm School of Economics (567).

BUMANN S, LENSINK R, 2016. Capital Account Liberalization and Income Inequality [J]. International Money & Finance, 61.

CABALLERO R, KRISHNAMURTHY A, 2004. Fiscal Policy and Financial Depth [Z]. NBER Working Paper.

CALVO G. A, LEIDERMAN L, REINHART C M, 1996. Inflows of Capital to Developing Countries in the 1990s [J]. Journal of Economic Perspectives, 10 (2): 123-139.

CAVALLO E A, 2008. Output Volatility and Openness to Trade: a Reassessment [J]. Economia, 9 (1): 105-138.

CHINN M D, ITO H, 2008. A New Measure of Financial Openness [J]. Comparative Policy Analysis: Research and Practice, 10 (3): 309-322.

CHINN MENZIE, HIRO ITO, 2002. Capital account Liberalization, Institutions and Financial Development: Cross Country Evidence [Z]. NBER Working Paper, No8967.

CHINN M D, ITO H, 2006. What Matters for Financial Development? [J]. Capital Controls, Institutions, and Interactions [J]. Development Economics, 81 (1): 163-192.

EDISON H J, LEVINE R, RICCI L, 2002. International financial integration and economic growth [J]. International Money & Finance, 21 (6): 749-776.

EDISON H J, FRANCIS E W, 2003. A Simple Measure of the Intensity of Capital Controls [J]. Empirical Finance, 10: 81-103.

EDWARDS S, 2008. Financial Openness, Currency Crises, and Output Losses [M] // Financial Markets Volatility and Performance in Emerging Markets. University of Chicago Press: 97-120.

EDWARDS S, 2007. Capital Controls, Sudden Stops, and Current Account Reversals [M] // Capital Controls and Capital Flows in Emerging Economies: Policies, Practices and Consequences. University of Chicago Press: 73-120.

EDWARDS S, M KHAN, 1985. Interest Rate Determination in Developing Countries: A Conceptual Framework [Z]. NBER Working Paper, No1531.

EDWARDS S, 2001. Capital Mobility and Economic Performance: Are Emerging Economies Different? [Z]. National Bureau of Economic Research.

EDWARDS S, KHAN M S, 1985. Interest rate determination in developing countries: A conceptual framework [Z]. IMF Staff Papers (9): 377-403.

EICHENGREEN B, GULLAPALLI R, PANIZZA U, 2011. Capital account liberalization, financial development and industry growth: A synthetic view [J]. International Money & Finance, 30 (6): 1090-1106.

EICHENGREEN B, 2001. Capital Account Liberalization: What Do Cross-Country Studies Tell Us? [J]. World Bank Economic Review, 15 (3): 341-365.

EICHENGREEN B, LEBLANG D, 2003. Capital Account Liberalization and Growth: Was Mr. Mahathir Right ? [J]. Finance & Economics (8): 205-224.

EICHENGREEN B, LEBLANG D, 2008. Democracy and Globalization [J]. Economics Politics, 20 (3).

EICHENGREEN B, GULLAPALLI R, PANIZZA U, 2011. Capital Account Liberalization, Financial Development and Industry Growth: A Synthetic View [J]. International Money and Finance, 30 (6): 1090-1106.

EMILIANO B, LAURA D, LORENA G, 2009. Understanding the money - prices relationship under low and high inflation regimes: Argentina 1977 - 2006 [J]. Journal of International Money and Finance, 28 (7).

FELDSTEIN M, CHARLES H, 1980. Domestic Saving and International Capital Flows [J]. Economic Journal, 90 (358): 314-329.

FERNANDEZ A, KLEIN M W, REBUCCI A, 2016. Capital Control Measures: A New Dataset [J]. IMF Economic Review, 64 (3).

FRANKEL J A, 1992. Is Japan Creating a Yen Bloc in East Asia and the Pacific? [Z]. NBER Working Paper.

GARITA G, ZHOU C, 2009. Can Open Capital Markets Help Avoid Currency Crises? [Z]. De Nederlandsche Bank.

GRILLI V, MILESI-FERRETTI G, 1995. Economic Effects and Structural Determinants of Capital Controls [Z]. IMF Staff Papers, 42 (3): 517-551.

GRILLI V, MILESI-FERRETTI G, 1995. Structural Determinants and Economic Effects of Capital Controls [Z]. IMF Staff Papers, 42 (3).

HANSEN B E, 1999. Threshold Effects in Non-Dynamic Panels: Estimation, Testing and Inference [J]. Journal of Econometrics, 93 (2): 345-368.

HANSEN B E, 2000. Sample Splitting and Threshold Estimation [J]. Econometrica, 68 (3): 575-603.

HAQUE N, MONTIEL P, 1990. Capital Mobility in Developing Countries-Some Empirical Tests [Z]. IMF Working Papers.

HAUSMAN R, FERNANDEZ A, 2000. Foreign Direct Investment: Good Cholesterol [Z]. IADB Research Department Working Paper.

HONIG A, 2008. Do Improvements in Government Quality Necessarily Reduce the Incidence of Costly Sudden Stops? [J]. Banking and Finance, 32 (3): 360-373.

ILZETZKI E O, REINHART C M, ROGOFF K, 2008. Exchange Rate Arrangements into the 21st Century: Will the Anchor Currency Hold? [J]. Quarterly Journal of Economics, 119 (1): 1-48.

International Monetary Fund, 2011. International Capital Flow: Reliable or Fickle [R]. World Economic Outlook.

ITO H, 2004. Is Financial Openness a Bad Thing? An Analysis on the Correlation Between Financial Liberalization and the Output Performance of Crisis-Hit Economies [Z]. UC Santa Cruz International Economics Working Paper: 04-23.

ITO T, 2016. A New Financial Order in Asia: Will a RMB Bloc Emerge? [Z]. NBER Working Paper.

JEFFREY F, SHANG J W, 2007. Assessing China's Exchange Rate Regime [J]. Economic Policy (22): 575-614.

JEFFREY F, SHANG J W, 1994. Yen Bloc or Dollar Bloc? Exchange Rate Policies of the East Asian Economies [M] // Macroeconomic Linkages: Savings, Exchange Rates and Capital Flows. Chicago: University of Chicago Press.

JEON B N, ZHANG H F, 2007. A Currency Union or an Exchange Rate Union: Evidence from Northeast Asia [J]. Journal of Economic Integration, 22 (2): 256-287.

KALEMLI-OZCAN S, SRENSEN B E, YOSHA O, 2003. Risk Sharing and Industrial Specialization: Regional and International Evidence [J]. American Economic Review, 93 (3): 903-918.

KALIMIPALLI M, SUSMEL R, 2004. Regime-Switching Stochastic Volatility and Short-term Interest Rates [J]. Journal of Empirical Finance (11): 309-329.

KAYA I, LYUBIMOV K, MILETKOV M, 2012. To liberalize or not to liberalize: Political and economic determinants of financial liberalization [J]. Emerging Markets Review, 13 (1): 78-99.

KLEIN M W, 2005. Capital Account Liberalization, Institutional Quality and Economic Growth: Theory and Evidence [Z]. National Bureau of Economic Research.

KOSE M A, PRASAD E, ROGOFF K, 2010. Chapter 65-Financial Globalization and Economic Poicies [M]. Handbook of Development Economics, Elsevier B: 4360-4362.

KOSE M A, PRASAD E, ROGOFF K, 2009b. Financial Globalization: A Reappraisal [Z]. IMF Staff Papers, 56 (1): 8-62.

KOSE M A, PRASAD E, TAYLOR A D, 2009. Thresholds in the process of international financial integration [J]. International Money & Finance, 30 (1): 147-179.

KOSE M A, PRASAD R, ROGOFF K W, 2009. Financial Globalization: A Reappraisal [Z]. IMF Staff Papers (56): 8-62.

KRAAY A, 1998. In Search of the Macroeconomic Effects of Capital Account Liberalization [R]. Washington: World Bank.

KRUEGER A, 1998. Why Trade Liberalisation is Good for Growth [J]. Economic Journal, 108 (450): 1513-1522.

LANE P, 2004. Empirical Perspectives on Long-Term External Debt [J]. Topics in Macroeconomics (4): 1-21.

LANE P R, MILESI-FERRETTI G M, 2001. The External Wealth of Nations: Measures of Foreign Assets and Liabilities for Industrial and Developing Countries [J]. International Economics, 55 (2): 263-294.

LANE P, MILESI-FERRETTI G M, 2001. The External Wealth of Nations: Measures of Foreign Assets and Liabilities for Industrial and Developing Nations [J]. International Economics, 55 (2): 263-294.

LEVINE R, 2001. International Financial Liberalization and Economic Growth [J]. Review of International Economics, 9 (4): 688-702.

LEVINE R, SARA Z, 1998. Stock Markets, Banks, and Economic Growth [J]. American Economic Review, 88 (6): 537-558.

LEVY-YEYATI E, STURZENEGGER F, 2003. To Float or to Fix: Evidence on the Impact of Exchange Rate Regimes on Growth [J]. American Economic Review, 93 (4): 1173-1193.

MCKINNON R, 2005. Exchange Rates under the East Asian Dollar Standard [M]. Cambridge, MA: The MIT Press.

MCKINNON R I, 2000. The East Asian Dollar Standard, Life after Death [J]. Economics Notes, 29 (1): 38-82.

MCKINNON R I, PILL H, 1996. Credible Liberalizations and International Capital Flows: The Overborrowing Syndrome [M] // Financial Deregulation and Integration in East Asia. University of Chicago Press.

MENDOZA E G, QUADRINI V, RIOSRULL J V, 2009. Financial Integration, Financial Development and Global Imbalances [J]. Journal of Political Economy, 117 (3): 371-416.

MISHKIN F S, 2006. The Next Great Globalization: How Disadvantaged Nations Can Harness Their Financial Systems to Get Rich [M]. Princeton, N. J.: Princeton University Press.

MONTIEL P, REINHART C M, 1999. Do capital controls and macroeconomic policies influence the volume and composition of capital flows? Evidence from the 1990s [J]. International Money and Finance, 18 (4): 619-635.

OGAWA E, JUNKO S, 2006. Progress Toward a Common Currency Basket System in East Asia [Z]. Research Institute of Economy, Trade, and Industry (RIETI), Discussion.

OHNO K, 1999. Exchange Rate Management in Developing Asia: A Reassessment of the Pre-crisis Soft Dollar Zone [Z]. Tokyo: Asian Development Bank.

OSTRY J D, GHOSH A R, HABERMEIER K, 2010. Capital Inflows: The Role of Controls [J]. Dennis Reinhardt, 12 (23): 135-164.

PAGAN A, 1996. The Econometrics of Financial Markets [J]. Journal of Empirical Finance (3): 15-102.

PANDYA S, 2014. Democratization and Foreign Direct Investment Liberalization, 1970-2000 [J]. International Studies Quarterly, 58 (3).

PARK B, AN J, 2012. Can Capital Control Liberalization Lessen Capital Volatility in a Country with Original Sin? [J]. World Development (11): 1-22.

PHILIP R L, MILESI-FERRETTI G M, 2006. The external wealth of nations mark: Revised and extened estimates of foreign assets and liabilities, 1970-2004 [J]. International Economics, 73 (2): 223-250.

PHILIP R L, MILESI-FERRETTI G M, 2007. The external wealth of nations mark II: Revised and extended estimates of foreign assets and liabilities, 1970-2004 [J]. International Economics, 73 (2).

PORTS R, REY H, 2005. The Determinants of Cross-Border Equity Transaction Flows [J]. Journal of International Economics (65): 269-296.

PRASAD E, ROGOFF K, WEI S J, 2003. Effects of Financial Globalisation on Developing Countries: Some Empirical Evidence [J]. Economic & Political Weekly, 38 (41): 4319–4330.

PRASAD E S, RAJAN R G, SUBRAMANIAN A, 2007. Foreign Capital and Economic Growth [Z]. National Bureau of Economic Research.

REID W C, 2009. The ASEAN dollar standard in the post–crisis era: A reconsideration [J]. Journal of Asian Economics, 20 (3): 269–279.

REINHART C M, ROGOFF K S, 2004. The Modern History of Exchange Rate Arrangements [J]. Quarterly Journal of Economics, 119 (1).

REISEN H, SOTO M, 2001. Which Types of Capital Inflows Foster Developing - Country Growth ? [J]. International Finance (4): 1–14.

RODRIK D, 1998. Who Needs Capital–account Convertibility ? [M] // FISCHER S, COOPER R N, DORNBUSCH R, et al. Should the IMF Pursue Capital Account Convert–ibility? Essays in International Finance 207. Princeton: Princeton University: 55–65.

RONALD M, GUNTHER S, 2004. The East Asian Dollar Standard, Fear of Floating, and Original Sin [J]. Review of Development Economics, 8 (3): 331–360.

ROSS L, 2005. Chapter 12 – Finance and Growth: Theory and Evidence [J]. Handbook of Economic Growth (1): 865–934.

SCHINDLER M, 2009. Measuring Financial Integration: A New Data Se [Z]. IMF Staff Papers, 56 (1): 222–238.

SCHNEIDER B, 2001. Issues in Capital Account Convertibility in Developing Countries [J]. Development Policy Review, 19 (1): 31–82.

TAKATOSHI I, 2016. A New Financial Order in Asia: Will a RMB Bloc Emerge? [Z]. NBER.

WACZIARG R, WELCH K H, 2008. Trade Liberalization and Growth: New Evidence [J]. World Bank Economic Review, 22 (2): 187–231.

附表

附表 1　经济增长条件成熟度评估门槛及赋值结果（外商直接投资）

初始条件	门槛值(临界值)	国家分类	经济增长效应	评估等级	赋值
金融发展	TV>147	高金融发展国家	强促进	优	10
	81≤TV≤147	中等金融发展国家	弱促进	良	8
	TV<81	低金融发展国家	强抑制	差	4
制度质量	TV>0. 58	高制度质量国家	强促进	优	10
	TV≤0. 58	低制度质量国家	强抑制	差	4
贸易开放	TV>67	高贸易开放国家	强抑制	差	4
	19≤TV≤67	中等贸易开放国家	弱抑制	中	6
	TV<19	低贸易开放国家	强促进	优	10
通货膨胀	TV>9. 7	高通胀国家	强抑制	差	4
	TV≤9. 7	低通胀国家	强促进	优	10
政府支出占 GDP 比重	TV>20. 7	高政府支出国家	强促进	优	10
	13≤TV≤20. 7	中等政府支出国家	弱促进	良	8
	TV<13	低政府支出国家	强抑制	差	4
外汇储备占 GDP 比重	TV>3	高外汇储备国家	强抑制	差	4
	TV≤3	低外汇储备国家	强促进	优	10
汇率制度	TV>13. 4	高汇率弹性国家	强抑制	差	4
	1. 2≤TV≤13. 4	中等汇率弹性国家	强促进	优	10
	TV<1. 2	低汇率弹性国家	弱促进	良	8

附表 2　经济增长条件成熟度评估门槛及赋值结果（对外直接投资）

初始条件	门槛值(临界值)	国家分类	经济增长效应	评估等级	赋值
金融发展	TV>209	高金融发展国家	强促进	优	10
	147≤TV≤209	中等金融发展国家	弱促进	良	8
	TV<147	低金融发展国家	强抑制	差	4
制度质量	TV>1.6	高制度质量国家	强促进	优	10
	-1.01≤TV≤1.6	中等制度质量国家	弱抑制	中	6
	TV<-1.01	低制度质量国家	强抑制	差	4
贸易开放	TV>54	高贸易开放国家	强抑制	差	4
	TV≤54	低贸易开放国家	强促进	优	10
通货膨胀	TV>32	高通胀国家	强抑制	差	4
	TV≤32	低通胀国家	强促进	优	10
政府支出占 GDP 比重	TV>13	高政府支出国家	强促进	优	10
	TV≤13	低政府支出国家	强抑制	差	4
外汇储备占 GDP 比重	TV>4	高外汇储备国家	强抑制	差	4
	TV≤4	低外汇储备国家	强促进	优	10
汇率制度	TV>1.2	高汇率弹性国家	强促进	优	10
	TV≤1.2	低汇率弹性国家	强抑制	差	4

附表 3　经济增长条件成熟度评估门槛及赋值结果（对内证券投资）

初始条件	门槛值(临界值)	国家分类	经济增长效应	评估等级	赋值
金融发展	TV>209	高金融发展国家	强促进	优	10
	87≤TV≤209	中等金融发展国家	弱促进	良	8
	TV<87	低金融发展国家	弱促进	良	8
制度质量	TV>-0.64	高制度质量国家	强促进	优	10
	TV≤-0.64	低制度质量国家	弱促进	良	8
贸易开放	TV>75	高贸易开放国家	弱促进	良	8
	TV≤75	低贸易开放国家	强促进	优	10
通货膨胀	TV>3	高通胀国家	弱促进	良	8
	TV≤3	低通胀国家	强促进	优	10
政府支出占 GDP 比重	TV>12	高政府支出国家	强促进	优	10
	TV≤12	低政府支出国家	弱促进	良	8

附表3(续)

初始条件	门槛值(临界值)	国家分类	经济增长效应	评估等级	赋值
外汇储备占 GDP 比重	TV>7	高外汇储备国家	强促进	优	10
	TV≤7	低外汇储备国家	弱促进	良	8
汇率制度	TV>9.4	高汇率弹性国家	弱促进	良	8
	1.2≤TV≤9.4	中等汇率弹性国家	强促进	优	10
	TV<1.2	低汇率弹性国家	弱促进	良	8

附表 4 经济增长条件成熟度评估门槛及赋值结果（对外证券投资）

初始条件	门槛值(临界值)	国家分类	经济增长效应	评估等级	赋值
金融发展	TV>247	高金融发展国家	强促进	优	10
	211≤TV≤247	中等金融发展国家	弱促进	良	8
	TV<211	低金融发展国家	弱促进	良	8
制度质量	TV>-0.32	高制度质量国家	强促进	优	10
	TV≤-0.32	低制度质量国家	强抑制	差	4
贸易开放	TV>22	高贸易开放国家	强抑制	差	4
	TV≤22	低贸易开放国家	强促进	优	10
通货膨胀	TV>10.7	高通胀国家	强抑制	差	4
	TV≤10.7	低通胀国家	强促进	优	10
政府支出占 GDP 比重	TV>13	高政府支出国家	强促进	优	10
	TV≤13	低政府支出国家	弱促进	良	8
外汇储备占 GDP 比重	TV>5	高外汇储备国家	强抑制	差	4
	TV≤5	低外汇储备国家	强促进	优	10
汇率制度	TV>3.4	高汇率弹性国家	强抑制	差	4
	TV≤3.4	低汇率弹性国家	强促进	优	10

附表 5 经济增长条件成熟度评估门槛及赋值结果（对内债务投资）

初始条件	门槛值(临界值)	国家分类	经济增长效应	评估等级	赋值
金融发展	TV>261	高金融发展国家	强促进	优	10
	132≤TV≤261	中等金融发展国家	强抑制	差	4
	TV<132	低金融发展国家	弱抑制	中	6
制度质量	TV>-0.62	高制度质量国家	强抑制	差	4
	TV≤-0.62	低制度质量国家	弱抑制	中	6

附表5(续)

初始条件	门槛值(临界值)	国家分类	经济增长效应	评估等级	赋值
贸易开放	TV>95	高贸易开放国家	强抑制	差	4
	22≤TV≤95	中等贸易开放国家	弱抑制	中	6
	TV<22	低贸易开放国家	弱抑制	中	6
通货膨胀	TV>5	高通胀国家	强抑制	差	4
	TV≤5	低通胀国家	强促进	优	10
政府支出占 GDP 比重	TV>13	高政府支出国家	强抑制	差	4
	7≤TV≤13	中等政府支出国家	强促进	优	10
	TV<7	低政府支出国家	弱抑制	中	6
外汇储备占 GDP 比重	TV>4	高外汇储备国家	弱抑制	中	6
	TV≤4	低外汇储备国家	强抑制	差	4
汇率制度	TV>14. 2	高汇率弹性国家	强抑制	差	4
	TV≤14. 2	低汇率弹性国家	强促进	优	10

附表 6　经济增长条件成熟度评估门槛及赋值结果（对外债务投资）

初始条件	门槛值(临界值)	国家分类	经济增长效应	评估等级	赋值
金融发展	TV>87	高金融发展国家	强促进	优	10
	66≤TV≤87	中等金融发展国家	弱促进	良	8
	TV<66	低金融发展国家	弱抑制	中	6
制度质量	TV>-0. 33	高制度质量国家	强促进	优	10
	TV≤-0. 33	低制度质量国家	强抑制	差	4
贸易开放	TV>101	高贸易开放国家	强抑制	差	4
	26≤TV≤101	中等贸易开放国家	弱抑制	中	6
	TV<26	低贸易开放国家	强促进	优	10
通货膨胀	TV>22	高通胀国家	强抑制	差	4
	TV≤22	低通胀国家	强促进	优	10
政府支出占 GDP 比重	TV>22. 4	高政府支出国家	强促进	优	10
	14≤TV≤22. 4	中等政府支出国家	弱抑制	中	6
	TV<14	低政府支出国家	强抑制	差	4
外汇储备占 GDP 比重	TV>7	高外汇储备国家	强抑制	差	4
	TV≤7	低外汇储备国家	强促进	优	10
汇率制度	TV>16. 2	高汇率弹性国家	强抑制	差	4
	4. 2≤TV≤16. 2	中等汇率弹性国家	强促进	优	10
	TV<4. 2	低汇率弹性国家	弱抑制	中	6

附表 7　金融风险条件成熟度评估门槛及赋值结果（外商直接投资）

初始条件	门槛值(临界值)	国家分类	经济增长效应	评估等级	赋值
金融发展	TV>224	高金融发展国家	强抑制	优	10
	151≤TV≤224	中等金融发展国家	弱抑制	良	8
	TV<151	低金融发展国家	强促进	差	4
制度质量	TV>0. 62	高制度质量国家	弱促进	中	6
	-1. 01≤TV≤0. 62	中等制度质量国家	强抑制	优	10
	TV<-1. 01	低制度质量国家	强促进	差	4
贸易开放	TV>46	高贸易开放国家	弱抑制	良	8
	TV≤46	低贸易开放国家	强抑制	优	10
通货膨胀	TV>13	高通胀国家	强促进	差	4
	6. 7≤TV≤13	中等通胀国家	弱促进	中	6
	TV<6. 7	低通胀国家	强抑制	优	10
政府支出占 GDP 比重	TV>24. 1	高政府支出国家	强促进	差	4
	15. 3≤TV≤24. 1	中等政府支出国家	弱抑制	良	8
	TV<15. 3	低政府支出国家	强抑制	优	10
外汇储备占 GDP 比重	TV>7. 6	高外汇储备国家	强抑制	优	10
	TV≤7. 6	低外汇储备国家	强促进	差	4
汇率制度	TV>11. 9	高汇率弹性国家	强促进	差	4
	1. 2≤TV≤11. 9	中等汇率弹性国家	弱抑制	良	8
	TV<1. 2	低汇率弹性国家	强抑制	优	10

附表 8　金融风险条件成熟度评估门槛及赋值结果（对外直接投资）

初始条件	门槛值(临界值)	国家分类	经济增长效应	评估等级	赋值
金融发展	TV>182	高金融发展国家	强抑制	优	10
	150≤TV≤182	中等金融发展国家	强促进	差	4
	TV<150	低金融发展国家	弱促进	中	6
制度质量	TV>0. 13	高制度质量国家	强抑制	优	10
	0. 13≤TV≤1. 65	中等制度质量国家	弱抑制	良	8
	TV<0. 13	低制度质量国家	强促进	差	4
贸易开放	TV>89	高贸易开放国家	弱抑制	良	8
	31≤TV≤89	中等贸易开放国家	强促进	差	4
	TV<31	低贸易开放国家	强抑制	优	10

附表8(续)

初始条件	门槛值(临界值)	国家分类	经济增长效应	评估等级	赋值
通货膨胀	TV>18.3	高通胀国家	强促进	差	4
	TV≤18.3	低通胀国家	弱促进	中	6
政府支出占GDP比重	TV>18.7	高政府支出国家	强抑制	优	10
	14.9≤TV≤18.7	中等政府支出国家	强促进	差	4
	TV<14.9	低政府支出国家	弱促进	中	6
外汇储备占GDP比重	TV>9.1	高外汇储备国家	强抑制	优	10
	0.83≤TV≤9.1	中等外汇储备国家	弱促进	中	6
	TV<0.83	低外汇储备国家	强促进	差	4
汇率制度	TV>9.4	高汇率弹性国家	强促进	差	4
	1.2≤TV≤9.4	中等汇率弹性国家	强抑制	优	10
	TV<1.2	低汇率弹性国家	弱抑制	良	8

附表9　金融风险条件成熟度评估门槛及赋值结果（对内证券投资）

初始条件	门槛值(临界值)	国家分类	经济增长效应	评估等级	赋值
金融发展	TV>182	高金融发展国家	强抑制	优	10
	83≤TV≤182	中等金融发展国家	弱抑制	良	8
	TV<83	低金融发展国家	强促进	差	4
制度质量	TV>1.52	高制度质量国家	强抑制	优	10
	-0.02≤TV≤1.52	中等制度质量国家	弱抑制	良	8
	TV<-0.02	低制度质量国家	强促进	差	4
贸易开放	TV>57	高贸易开放国家	强抑制	优	10
	33≤TV≤57	中等贸易开放国家	强促进	差	4
	TV<33	低贸易开放国家	弱抑制	良	8
通货膨胀	TV>27.4	高通胀国家	强促进	差	4
	4≤TV≤27.4	中等通胀国家	强抑制	优	10
	TV<4	低通胀国家	弱抑制	良	8
政府支出占GDP比重	TV>13.8	高政府支出国家	强促进	差	4
	10≤TV≤13.8	中等政府支出国家	弱抑制	良	8
	TV<10	低政府支出国家	强抑制	优	10

附表9(续)

初始条件	门槛值(临界值)	国家分类	经济增长效应	评估等级	赋值
外汇储备占 GDP 比重	TV>17.2	高外汇储备国家	强抑制	优	10
	7≤TV≤17.2	中等外汇储备国家	弱促进	中	6
	TV<7	低外汇储备国家	强促进	差	4
汇率制度	TV>6.7	高汇率弹性国家	强促进	差	4
	1.2≤TV≤6.7	中等汇率弹性国家	强抑制	优	10
	TV<1.2	低汇率弹性国家	弱抑制	良	8

附表 10　金融风险条件成熟度评估门槛及赋值结果（对外证券投资）

初始条件	门槛值(临界值)	国家分类	经济增长效应	评估等级	赋值
金融发展	TV>82	高金融发展国家	强抑制	优	10
	54≤TV≤82	中等金融发展国家	强促进	差	4
	TV<54	低金融发展国家	弱促进	中	6
制度质量	TV>-0.96	高制度质量国家	强促进	差	4
	TV≤-0.96	低制度质量国家	强抑制	优	10
贸易开放	TV>97	高贸易开放国家	强抑制	优	10
	24≤TV≤97	中等贸易开放国家	强促进	差	4
	TV<24	低贸易开放国家	弱抑制	良	8
通货膨胀	TV>38.7	高通胀国家	强促进	差	4
	TV≤38.7	低通胀国家	弱促进	中	6
政府支出占 GDP 比重	TV>18.8	高政府支出国家	强抑制	优	10
	15.2≤TV≤18.8	中等政府支出国家	强促进	差	4
	TV<15.2	低政府支出国家	弱抑制	良	8
外汇储备占 GDP 比重	TV>6.2	高外汇储备国家	强抑制	优	10
	TV≤6.2	低外汇储备国家	强促进	差	4
汇率制度	TV>9.4	高汇率弹性国家	强促进	差	4
	1.3≤TV≤9.4	中等汇率弹性国家	强抑制	优	10
	TV<1.3	低汇率弹性国家	弱抑制	良	8

附表 11　金融风险条件成熟度评估门槛及赋值结果（对内债务投资）

初始条件	门槛值（临界值）	国家分类	经济增长效应	评估等级	赋值
金融发展	TV>217	高金融发展国家	弱促进	中	6
	102≤TV≤217	中等金融发展国家	弱促进	中	6
	TV<102	低金融发展国家	强促进	差	4
制度质量	TV>0.81	高制度质量国家	弱促进	中	6
	-0.94≤TV≤0.81	中等制度质量国家	强抑制	优	10
	TV<-0.94	低制度质量国家	强促进	差	4
贸易开放	TV>91	高贸易开放国家	弱促进	中	6
	20≤TV≤91	中等贸易开放国家	强促进	差	4
	TV<20	低贸易开放国家	弱促进	中	6
通货膨胀	TV>40.1	高通胀国家	弱促进	中	6
	6.7≤TV≤40.1	中等通胀国家	强促进	差	4
	TV<6.7	低通胀国家	弱促进	中	6
政府支出占 GDP 比重	TV>15.1	高政府支出国家	强促进	差	4
	8.4≤TV≤15.1	中等政府支出国家	强抑制	优	10
	TV<8.4	低政府支出国家	弱促进	中	6
外汇储备占 GDP 比重	TV>10.1	高外汇储备国家	强促进	差	4
	TV≤10.1	低外汇储备国家	弱促进	中	6
汇率制度	TV>9.7	高汇率弹性国家	强促进	差	4
	4.2≤TV≤9.7	中等汇率弹性国家	强抑制	优	10
	TV<4.2	低汇率弹性国家	弱促进	中	6

附表 12　金融风险条件成熟度评估门槛及赋值结果（对外债务投资）

初始条件	门槛值(临界值)	国家分类	经济增长效应	评估等级	赋值
金融发展	TV>92	高金融发展国家	强抑制	优	10
	TV≤92	低金融发展国家	强促进	差	4
制度质量	TV>-0.02	高制度质量国家	弱抑制	良	8
	-0.96≤TV≤-0.02	中等制度质量国家	强抑制	优	10
	TV<-0.96	低制度质量国家	强促进	差	4
贸易开放	TV>101	高贸易开放国家	强抑制	优	10
	32≤TV≤101	中等贸易开放国家	弱促进	中	6
	TV<32	低贸易开放国家	强促进	差	4
通货膨胀	TV>13	高通胀国家	强促进	差	4
	TV≤13	低通胀国家	弱促进	中	6
政府支出占 GDP 比重	TV>17	高政府支出国家	强促进	差	4
	10.2≤TV≤17	中等政府支出国家	强抑制	优	10
	TV<10.2	低政府支出国家	弱促进	中	6
外汇储备占 GDP 比重	TV>14	高外汇储备国家	强抑制	优	10
	6.1≤TV≤14	中等外汇储备国家	弱促进	中	6
	TV<6.1	低外汇储备国家	强促进	差	4
汇率制度	TV>14.7	高汇率弹性国家	强促进	差	4
	3.2≤TV≤14.7	中等汇率弹性国家	强抑制	优	10
	TV<3.2	低汇率弹性国家	弱促进	中	6

附表 13　2008 年金融危机后中国与相关国家（地区）货币互换协议一览表
（截至 2017. 7）

互换对象国/地区	签订日期	互换币种	互换规模/亿元人民币
韩国	2009. 4. 20	人民币/韩元	1 800（2011 年 10 月续 3 600；2014 年 10 月续 3 600）
马来西亚	2009. 2. 8	人民币/吉特林	800（2012 年 2 月续 1 800；2015 年 4 月续 1 800）
白俄罗斯	2009. 3. 11	人民币/白俄罗斯卢布	200（2015 年 5 月续 70）
印度尼西亚	2009. 3. 23	人民币/印尼盾	1 000（2013 年 10 月续 1 000）
阿根廷	2009. 4. 2	人民币/阿根廷比索	700（2014 年 7 月续 700；2017 年 7 月续 700）
冰岛	2010. 6. 9	人民币/冰岛克朗	35（2013 年 9 月续 35；2016 年 12 月续 35）
新加坡	2010. 7. 23	人民币/新加坡元	1 500（2013 年 3 月续 3 000；2016 年 3 月续 3 000）
新西兰	2011. 4. 18	人民币/新西兰元	250（2014 年 4 月续 250；2017 年 5 月续 250）
乌兹别克斯坦	2011. 4. 19	人民币/乌兹别克苏姆	7
蒙古	2011. 5. 6	人民币/图格里克	50（2012 年 3 月增至 100；2014 年 8 月续 150；2017 年 7 月续 150）
哈萨克斯坦	2011. 6. 13	人民币/哈萨克斯坦坚戈	70（2014 年 12 月续 70）
泰国	2011. 12. 22	人民币/泰铢	700（2014 年 12 月续 700）
巴基斯坦	2011. 12. 23	人民币/巴基斯坦卢比	100（2014 年 12 月续 100）
阿联酋	2012. 1. 17	人民币/阿联酋迪拉姆	350（2015 年 12 月 350）
土耳其	2012. 2. 21	人民币/土耳其里拉	100（2015 年 9 月续 120）
澳大利亚	2012. 3. 22	人民币/澳大利亚元	2 000（2015 年 3 月续 2 000）
乌克兰	2012. 6. 26	人民币/乌克兰格里夫纳	150（2015 年 5 月续 150）
巴西	2013. 3. 26	人民币/雷亚尔	1 900
英国	2013. 6. 22	人民币/英镑	2 000（2015 年 10 月续 3 500）
匈牙利	2013. 9. 9	人民币/匈牙利福林	100（2016 年 9 月续 100）
阿尔巴尼亚	2013. 9. 12	人民币/阿尔巴尼亚列克	20
欧央行	2013. 10. 8	人民币/欧元	3 500（2016 年 9 月续 3 500）

附表13(续)

互换对象国/地区	签订日期	互换币种	互换规模/亿元人民币
瑞士	2014. 7. 21	人民币/瑞士法郎	1 500（2017 年 7 月续 1 500）
斯里兰卡	2014. 9. 16	人民币/斯里兰卡卢比	100
俄罗斯	2014. 10. 13	人民币/俄罗斯卢布	1 500
卡塔尔	2014. 11. 3	人民币/里亚尔	350
加拿大	2014. 11. 8	人民币/加拿大元	2 000
苏里南	2015. 3. 18	人民币/苏里南元	10
亚美尼亚	2015. 3. 25	人民币/德拉姆	10
南非	2015. 4. 10	人民币/南非兰特	300
智利	2015. 5. 25	人民币/智利比索	220
塔吉克斯坦	2015. 9. 3	人民币/索莫尼	30
摩洛哥	2016. 5. 11	人民币/摩洛哥迪拉姆	100
塞尔维亚	2016. 6. 17	人民币/塞尔维亚第纳尔	15
埃及	2016. 12. 6	人民币/埃及镑	180

资料来源：根据中国人民银行网站（http://www.pbc.gov.cn）提供的信息整理编制。